体外横向预应力
加固简支空心板梁桥技术

梁全富　邵景干　编著

中国建筑工业出版社

图书在版编目(CIP)数据

体外横向预应力加固简支空心板梁桥技术/梁全富,邵景干
编著. —北京:中国建筑工业出版社,2007

ISBN 978-7-112-08983-3

Ⅰ.体… Ⅱ.①梁…②邵… Ⅲ.空心板—简支梁桥—预应
力—加固 Ⅳ.U448.21

中国版本图书馆 CIP 数据核字(2007)第 004740 号

体外横向预应力加固简支空心板梁桥技术

梁全富 邵景干 编著

*

中国建筑工业出版社出版、发行(北京西郊百万庄)

新 华 书 店 经 销

北京天成排版公司制版

北京市兴顺印刷厂印刷

*

开本:850×1168 毫米 1/32 印张:6½ 字数:110 千字

2007 年 6 月第一版 2007 年 6 月第一次印刷

印数:1—3500 册 定价:**25.00** 元

ISBN 978-7-112-08983-3

(15647)

本书在论述旧桥加固的目的和意义、检测技术、加固的原则和加固技术的基础上，对空心板简支梁桥的病害成因、分类及加固技术进行了分析；着重通过空心板简支梁桥的病害调查分析、加固设计计算和现场测试分析，结合实际工程，对体外横向预应力加固空心板简支梁桥技术进行了系统介绍。

　　本书可供从事桥梁工程设计与施工的技术人员参考，也可供高等院校相关专业的教学和研究参考。

＊　　＊　　＊

责任编辑：田启铭　　姚荣华

责任设计：赵明霞

责任校对：安　东　孟　楠

前　言

　　简支空心板梁桥普遍出现的铺装层沿板企口缝的纵
向裂缝、坑槽和塌陷，板缝间填缝料脱落，板缝间渗水
漏水以及梁板间企口缝破碎、塌陷、荷载不能横向分
布，单板受力等现象，已严重地危及到桥梁的正常运营
和车辆的安全行驶。因此，采用经济、有效的加固技术
已成为工程界普遍关注的问题。

　　通过对 16m、20m 等跨径的空心板进行验算分析，认为造
成这些病害的原因很大程度上是由于空心板设计理论应用不当
引起的。本书从理论分析着手，研究采用横向体外索预应力技
术(HVM 可换式体外索)，使空心板横向下缘处在受压状态，
平衡横向弯矩，从而消除应力集中的薄弱环节。通过该方法的
研究，形成了一套完整的加固工艺和技术方案，延长了桥梁的
使用寿命，确保了桥梁的使用安全；针对原简支空心板梁桥
企口缝设计中的不足，建立了加固计算分析的方法；分析了
体外横向预应力加固简支空心板梁桥的机理，建立了施加横
向预应力的设计计算模型，并通过工程实例得到了验证。

4

体外横向预应力索加固空心板梁桥，目前在国内还是首家，在某国道主干线郑州至漯河高速公路上针对病害严重的六座桥梁进行了加固实践后，2004年又在连霍高速公路上加以应用，也取得了良好的加固效果和经济效益。目前我国多条高速公路，包括国道以及地方道路上的桥梁，采用装配式预应力简支空心板桥的数量还很多，出现同类病害的也很多，严重影响着桥梁的寿命和使用安全，桥梁加固的任务还很重，也有广阔的市场。

本书共分七章，各章之间相互联系，形成一个整体，全书由梁全富、邵景干编著。其中第一章至第五章由梁全富、邵景干完成，第六章由梁全富、付立军、高建、郭汉超完成，第七章由邵景干、于涛、何华、邵平完成。

本书编著的许多材料通过对河南省多条高速公路的具体工程实际调查、设计计算、试验与分析而来。感谢河南省交通厅、河南省交通科学研究院、河南中原高速公路股份有限公司等单位的有关领导、专家和工程技术人员给予的大力支持和协作；感谢李友好、邓苗毅等对本书编著在加固设计计算及现场试验与分析方面所做的工作。由于时间紧促、水平有限，书中不足之处在所难免，敬请同行指正。

编著者
2007 年 1 月

目　　录

第一章　概述 …………………………………………… 1

一、问题的提出 ……………………………………… 1

二、旧桥检测、评价和加固技术研究的重要意义 ……… 5

三、公路旧桥检测、评定与加固技术 ……………… 6

第二章　装配式简支空心板梁桥病害分析 ………… 16

一、空心板间企口缝混凝土损坏的病害形式 ……… 16

二、空心板间企口缝混凝土损坏病害产生

原因分析 ……………………………………… 20

三、空心板间企口缝混凝土损坏病害产生

机理分析 ……………………………………… 21

第三章　装配式简支空心板梁桥的加固技术 ……… 30

一、概述 ……………………………………………… 30

二、空心板梁桥维修加固的方法 …………………… 32

三、桥面补强层加固 ………………………………… 38

四、增大截面和配筋加固 …………………………… 43

五、体外预应力加固 ………………………………… 46

第四章　装配式简支空心板梁桥体外横向预应力

　　加固机理与结构验算 ………………………… 68

　一、空心板间企口缝混凝土完好状况时的结构

　　验算分析 …………………………………… 68

　二、空心板间企口缝混凝土完全损坏时的结构

　　验算分析 …………………………………… 70

　三、施加横向预应力加固分析比较 ……………… 72

　四、横向体外预应力索配置校核 ………………… 75

　五、横向体外预应力作用下局部结构的验算 ……… 89

第五章　简支空心板梁桥加固改造施工工艺与

　　质量控制技术 ……………………………… 92

　一、简支空心板梁桥加固改造施工工艺与

　　质量控制概述 ……………………………… 92

　二、原桥面铺装层及企口缝混凝土拆除施工

　　工艺与质量控制技术 ……………………… 97

　三、空心板间高强无收缩材料灌缝施工工艺与

　　质量控制技术 ……………………………… 100

　四、横向体外预应力钢筋施工工艺与质量控制技术 …… 104

　五、桥面钢筋混凝土铺装层施工工艺与质量控制技术 … 110

　六、桥面沥青铺装层施工工艺与质量控制技术 ……… 115

　七、加固改造施工中的质量保证措施 …………… 116

第六章　荷载试验 ……………………………… 120

　一、试验荷载工况的确定 ……………………… 120

二、试验荷载等级的确定 …………………… 121

三、加载方式及设备的选择 …………………… 123

四、测点设置 …………………… 126

五、静载试验过程 …………………… 128

六、试验数据分析 …………………… 133

七、桥梁承载能力评定 …………………… 135

第七章　试验检测评定 …………………… 141

一、湾店立交桥概况 …………………… 141

二、试验检测目的 …………………… 142

三、试验检测依据 …………………… 142

四、试验检测主要项目 …………………… 143

五、试验检测方法及主要仪器设备 …………… 143

六、试验测点布置 …………………… 147

七、试验加载方案的确定和加载分级 ………… 148

八、数据测读规程及试验终止条件 …………… 153

九、全桥病害调查结果及原因分析 …………… 154

十、湾店立交桥静载试验结果 ………………… 156

十一、湾店立交桥静载试验结果分析 ………… 165

十二、湾店立交桥动载试验结果分析 ………… 181

附件一　实例病害桥梁加固工程试验记录 ………… 187

附件二　桥梁病害调查、荷载试验情况及效益分析 ……… 192

参考文献 …………………… 197

第一章 概 述

一、问题的提出

随着我国公路交通的日益发展，人们对道路服务水平也提出新的要求，桥梁作为现代道路中的重要组成部分，在其中发挥了不可缺少的作用。虽然桥梁在建设时充分考虑了当时当地远景经济发展和社会诸多方面的需求，采取当时最先进的技术和材料，但仍然难以摆脱历史的局限性。所以，早期建设的许多桥梁表现出标准低和承载力不足的状况，甚至阻碍交通畅通，成为公路交通的"瓶颈"。特别是大型、重型车与日俱增，致使公路交通安全与畅通受到严重影响。为此，需要加固、改造、拓宽改建，提高现有桥梁的通行能力和服务水平，以缓解日趋紧张的交通压力。在考虑公路桥梁建设的有关问题时，既要实现公路桥梁的建设目标—安全、畅通、高效益和低成本，又要对新建成的桥梁加强维修保养，预防发生病害，及时根治缺陷，确保其持续安全运营，维持较高服务水平和通行能力，并满足交通持续增长的需要。为不影响桥梁结构的正常使用和公路的正常运营，恢复或提高旧桥的承载能力和通行能力，保证其正常运营，满足现代交通运输的需要，对桥梁的加固与维修技术进行研究就显得十分必要。

在国外，桥梁加固改造技术已经引起了普遍关注，即使世界上最发达的国家，现在也竟相投入人力和物力，从事旧桥加固技术研究，他们在兴建新桥的同时，十分重视旧桥的使用价值，许多发达国家建立了国际性的专门机构从事研究。1980 年在巴黎和布鲁塞尔，1982 年在华盛顿先后召开了关于旧桥问题的国际专题研讨会。1981 年，由西方 24 个国家参加的"国际经济合作与开发组织"（OECD）主持召开了关于"道路桥梁维修与管理"的会议。美国、加拿大、英国、日本、德国、前苏联和印度等国都对公路桥梁检测评定、加固维修技术开展了很多研究工作。

根据统计，至 2003 年，我国共有公路桥梁 310773 座，其中危桥 10443 座，占桥梁总数的 3.36％。根据河南省对运营中的高速公路日常养护和专项工程的桥梁病害状况调查，发现现役高速公路中最常用的装配式预应力简支空心板梁桥大量出现了不同程度的结构病害。可见，桥梁工程病害问题已经非常严重。交通部《公路科学养护与规范化管理纲要》（1991 至 2000 年）中提出："到本世纪末，基本消灭国省干线公路上的危桥，并初步达到通行国际标准集装箱车辆的标准"。目前来看，要达到纲要上制定的这个目标，还有相当的差距。

由于存在病害的桥梁数量多，而且病害发生的原因各异，因此，旧危桥加固、维修任务十分繁重，而全部重建的思想既不现实，也不科学。实践证明，采用适当的加固技术和拓宽措施，对恢复和提高旧桥的承载能力及通行能力，延长桥梁的使用寿命，以满足现代化交通运输的需要，是可行的。这样，一能节省大量投资，收到良好的社会经济效益，特别是对贫困省份来说，尤为重要；二是通过维修和改造旧危桥，消除交通安全隐患，是提高公路通行能力和服务水平的有效途径，亦是检验公路部门管养水平的重要标准。所以，交通部要求各级交通主管部门在公路建设中要积极贯彻"建养并重"方针，切实纠正"养路不养桥"的倾向，将桥梁检查、维修、加固和改造工作列入议事日程，及时发现桥梁发生的病害和出现的缺陷，并及时采取相应措施予以消除，确保桥梁安全运营，这是防患于未然的最实际的措施。

从国民经济发展总体考虑，对旧桥加固、改造与利用，是维护公路交通正常运营的积极措施，任务虽然艰巨，但其意义和影响是深远的。因此，应当引起各级公路主管部门的领导充分重视，积极引进和开发旧桥加固及改造的先进技术、材料和设备，合理确定加固及改造方案，使旧危桥尽可能长地发挥作用，让有限资金发挥更大的效益，使我国桥梁建设真正步入"建养并重"的可持续发展道路。

综上所述，旧桥加固和维修应当说是一项技术上可行、经济上合理的举措，但也存在许多实际困难，如：旧桥原始资料难以查找、缺乏资金和成熟技术支持，使得旧桥加固工作难以开展。究其原因，一是对旧桥加固持有不同认识，一些人认为"加固老的，不如建座新的"，费力不讨好、体现不出政绩；二是加固旧、危桥比建新桥繁杂、技术难度大，而设计费和施工造价都偏低，由于旧桥加固就像给危重病人动手术，风险很大，且利润不高，而每座桥的情况又是千差万别，通用性差，使得有能力的勘察、设计、施工单位不愿介入，于是造成加固、改造旧桥成为有行无市的局面。

为了使旧危桥的加固改造工作顺利展开，应当采取行之有效的技术措施，防止那些不切合实际的做法，这就需要认真总结过去的旧桥加固的实践经验，认真研

4

究旧桥加固、维修技术，扎扎实实，对症下药。

二、旧桥检测、评价和加固技术研究的 重要意义

旧桥加固改造技术，是针对正在使用的旧桥进行检测、评价、维修、加固或改造等技术对策的总称。据日本有关统计资料表明，对于结构建筑物（包括公路桥梁）承载能力和使用性能进行检测、评价，在投入使用后一般有两次高峰期，一是投入使用后约 20 年，称为小周期，二是约 60 年左右，称为大周期。小周期对结构进行检测的目的是：确保结构建筑物处于完好的技术状态；大周期是对结构建筑物进行鉴定，判定其使用状态，以便给出相应的对策。近十几年来，我们进行旧桥检测、评价和加固技术的研究，主要是针对 20 世纪 50～80 年代修建的公路桥梁，其中大部分是钢筋混凝土梁桥和双曲拱桥，目的是对这些桥梁使用状况作出符合客观实际的判断，从而制定出相应的技术加固或改造措施。

自 20 世纪 70 年代以来，我国着手对旧桥加固改造技术进行研究。在"六五"计划期间，对公路旧桥的检测、评价和加固方法进行了广泛的研究和工程实

践，并取得了良好的社会效益和经济效益。"七五"期间，交通部适时地将"旧桥检测、评价、加固技术的应用"列为1989～1990年科技进步"通达计划"项目，交通部科技情报所具体组织推广。此举极大地推动了公路旧桥加固、改造技术研究。因此，在公路梁桥和拱桥等旧桥承载力的检测、评定、加固改造技术和施工工艺等都取得了许多宝贵经验，推荐出不少座旧桥加固、改造成功的范例。针对实际情况，我国各省公路管理和养护部门均陆续开展了桥梁加固技术的研究和工程实践尝试。近二三十年来，国内出现了许多桥梁结构加固工程实例，在桥梁加固技术改造方面，特别是混凝土结构的加固补强方面，积累了丰富的实践经验，取得了丰硕成果。中国工程建设标准协会1991年制订颁布了"混凝土结构加固技术规范"。目前，交通部公路司组织一些省市公路局、交通部公路科学研究所等单位正在编制"公路混凝土桥梁加固技术规程"，用于规范指导公路混凝土桥梁的加固工作。

三、公路旧桥检测、评定与加固技术

1. 旧桥检测技术

公路旧桥检测技术主要包括两个内容，即桥梁检查和荷载试验评定技术。

桥梁检查是进行桥梁养护、维修与加固的前期工作，是决定维修与加固方案可行和正确与否的可靠基础。其目的在于：通过对桥梁的技术状况、缺陷和损伤进行全面、细致、深入地现场检查，查明缺陷或潜在缺陷和损伤的性质、所在部位、严重程度及发展趋势，弄清产生缺陷、发生损伤的原因，以便能分析、评价缺陷和损伤对桥梁质量及承载能力产生的影响，并为桥梁加固和改造设计提供具体技术资料。自20世纪50年代中期，我国已展开了对混凝土结构现场无破损或半破损检测方法的研究，70年代以后发展尤为迅速。目前已广泛用于工程测试，并已制定了若干项目的技术规程。

在工程实践中，还经常采用实桥荷载试验来评定旧桥的承载能力和安全度，并由此确定出加固或改建的方案。特别是对于那些缺乏原始设计资料和图纸的旧桥，用荷载试验方法来确定能否提高承载能力就是切实可行的方法。荷载试验评定是对桥梁结构物进行直接加载测试的一项科学试验工作，可直接了解桥梁在试验荷载作用下的实际工作状态及一些理论上难以计算部位的受力状态，判别桥梁结构的安全承载能力和使用条件，也可以确定一些理论上无法考虑的因素，如所用材料的相对匀质性、不同龄期的不同力学特性和修建质量等，对结构受力的影响。此外，荷载试验还常常有助于发现在一般性桥梁检查中难以发现的隐蔽病害。所以，目前我国仍然普遍采用荷载试验评定方法来鉴定旧桥的质量与可靠程度，并确定其实际承载能力及其运用条件。

在旧桥要承受设计中没有考虑到的承载能力时，实桥荷载试验亦是有效手段。实桥荷载试验将结构作为一个整体，考虑了许多因素、如所用材料的相对匀质性、不同龄期混凝土的不同力学特性、修建的质量等等。试验部位的确定，应在理论研究分析后，考虑桥梁的类型、复杂性以及薄弱环节而决定。原则上说，试验部位的选择，应选择在能够全部反映桥梁纵横向性能的部位，以便于能够通过试验或检测获得符合实际的、需要的数据。

2. 旧桥评价原则

为了选定技术上可行、经济上合理的桥梁加固、改造方案，首先必须对桥梁技术状况、各种缺陷、病害进行全面细致的检查与检测；在检查、检测的基础上，对旧桥工程现状、承载能力作出正确的评价，这是旧桥加固、改造工作的重要环节之一。

1985 年，交通部颁布的系列"公路桥涵设计规范"，由按允许应力设计方法发展为按极限状态设计方法进行设计。极限状态设计方法分为两类：一是承载能力极限状态法；二是正常使用极限状态法。"公路桥涵设计规范"规定的设计方法，不仅是桥梁设计与计算的基本原则和标准，也是对旧桥承载能力评定、加固和改造设计的基本原则和标准。

旧桥评价一般包括使用功能、结构承载力和使用价值等三个方面：

（1）旧桥使用功能评价

在桥梁有效使用期内，对旧桥的评价首先是评价其使用功能，评价的具体内容如下：

1）设计技术标准：包括原设计荷载标准、桥面净空、桥下净空、孔径、基础埋置深度等等，是否满足运营要求；

2）桥涵各部构造完好程度：各部构造能否保持正常使用，如桥面平整度、伸缩缝、泄排水设施、支座、栏杆、人行道等构件的完好状况。上、下部承重结构质量状况，有无裂缝、腐蚀、风化、疲劳等破损现象及挠曲、沉陷等位移变形现象，以及对桥梁整体正常使用功能的影响程度；

3）桥梁养护状况及意外事故的分析：是否经常对桥梁进行检查、养护及养护难易程度，经常性养护费用及养护材料、机具设备消耗情况；有无发生过意外事故，发生事故的机率，处理发生事故难易程度等，并对影响桥梁使用功能进行分析和评价。

（2）旧桥结构承载能力评价

在对桥梁使用功能评价的基础上，通过对上、下部结构作静、动载计算分析，或对静、动载试验结果分析，对桥梁结构承载能力进行切合实际的评价，也是对旧桥使用功能作实质性的分析评定。

（3）旧桥使用价值评价

在对旧桥进行上述1、2两项评价之后，从技术可能性、经济合理性的角度出发，对旧桥在设计运营期间内的使用价值作出评价。当分析结果表明：如果对旧桥加固、改造加以利用的总效益大于建新桥的总效益时，则认为对旧桥进行加固、改造利用是必要的、可行的，然后提出评价报告，申请列入旧桥加固、改造工程计划。

3. 旧桥加固技术

在"六五"和"七五"期间，关于旧桥加固、改造技术的研究和应用课题，自列入了交通部重点科研项目计划后，经过一系列试验研究和旧桥加固、改造工程的实践，取得了可喜的成果，积累了丰富的经验。

在旧桥加固改造工程中，尽管每座旧桥梁的情况各不相同，具有各自不同的特点，但也存在一定的共性。我们应遵循桥梁加固、改造工作的共性，结合具体桥梁的特殊性，在实践中发挥积极性和创造性，不断进取和探索，采用最先进技术和材料，在旧桥利用、加固、改造工作中，创造和总结出多种切实可行的方法，为开辟一条新路打下了坚实基础，使旧桥继续发挥固有的使用功能，以保证公路交通畅通无阻。

在多年的实践中，作者创造和总结出多种切实可行的旧桥加固、改造技术和方法，归纳起来，对有缺陷、病害的桥梁常用的加固、改造技术和方法有：减轻恒载、加固临界杆件、补充新杆件、改善原结构受力体系等增大桥梁承受活载的能力。此外，对下部结构稳定、支座和车行道伸缩缝适当清洁、改善几何形状、加强安全性设施（如改善人行道、栏杆柱及扶手），这对改善服务性能和延长现有结构使用寿命，也都起着重要作用。

（1）桥面补强层加固法

在梁顶上加铺一层钢筋混凝土层，一般先凿除旧桥面，使其与原有主梁形成整体，达到增大主梁有效高度和抗压截面强度、改善桥梁荷载横向分布能力，从而达到提高桥梁的承载能力的目的。

（2）增大截面和配筋加固法

当梁的强度、刚度、稳定性和抗裂性能不足时，通常采用增大构件截面、增加配筋、提高配筋率的加固方法。这种方法是在梁底面或侧面加大尺寸，增配主筋，提高梁的有效高度和抗弯强度，从而提高桥梁的承载力。该法广泛用于梁桥及拱桥拱肋的加固。

（3）锚喷混凝土加固法

借助高速喷射机械，将新混凝土混合料连续地喷射到已锚固好钢筋网的受喷面上，凝结硬化而形成钢筋混凝土，从而增大桥梁的受力断面和补强钢筋，加强结构的整体性，使其能承受更大的外荷载作用。

（4）粘贴钢板（筋）加固法

当交通量增加，主梁出现承载力不足，或纵向主筋出现严重腐蚀的情况时，梁板桥的主梁会出现严重的横向裂缝。采用粘结剂及锚栓，将钢板粘贴锚固在混凝土结构的受拉缘或薄弱部位，使其与结构形成整体，以钢板代替增设的补强钢筋，达到提高梁的承载能力的目的。这种加固方法的特点是：

1）不需要破坏被加固的原结构的尺寸；

2）施工工艺简单，施工质量较容易控制；

3）施工工期短。

（5）改变结构受力体系加固法

这种加固、改造方法是通过改变桥梁结构受力体系，达到提高桥梁承载能力的目的。如：在简支梁下增设支架或桥墩，或把简支梁与简支梁纵向加以连接，由简支变连续梁，或在梁下增设钢桁架等加劲或叠合梁等，以减小梁内应力，达到提高梁的承载力目的。

改变结构体系的方法有多种，但往往都需要在桥下操作，或设置永久设施，因而减少桥下净空，或施工时会影响通航，所以必须考虑通航及桥梁排洪能力。

该法由于加固效果较好，目前，也是国内外用来解决临时通行超重车辆的一种加固措施。重车通过后，临时支承可能随后拆除，故对通航影响不大，不影响河道排洪能力；

用临时支架加固时，改变了原简支梁的受力体系，支点处将产生负弯矩，故必须进行受力验算。

（6）体外预应力加固法

对于钢筋混凝土或预应力混凝土梁或板，采用对受拉区施以体外预加力加固，可以抵消部分自重应力，起到卸载的作用，从而能较大幅度地提高梁的承载能力。

体外预应力加固法优点是：

1）在自重增加很小的情况下，能够大幅度改善和调整原结构的受力状况，提高承重结构的刚度、抗裂性能；

2）由于承重结构自重增加小，故对墩台及基础受力状况影响很小，可节省对墩台及基础的加固；

3）对桥梁营运影响较小，可在不限制通行的条件下加固施工；

4）预应力加固法既可作为桥梁通过重车的临时加固手段，又可作为永久性提高桥梁荷载等级的措施。

（7）增设纵梁加固法（拓宽改建）

在墩台地基安全性能好，并具有足够承载能力的情况下，可采用增设承载力高和刚度大的新纵梁，新梁与旧梁相连接，共同受力。由于荷载在新增主梁后的桥梁结构中重新分布，使原有梁中所受荷载得以减少，由此使加固后的桥梁承载能力和刚度得到提高。当增设的纵梁位于主梁的一侧或两侧时，则兼有加宽的作用。

为保证新旧混凝土能够共同工作，必须注意做好新旧梁之间的横向连接。横向的连接方法，如：企口铰接、键槽连接、焊接及钢板铰接等，使新增主梁与旧梁牢固连接，可提高主梁之间的横向连接刚度，有利于荷载的横向分布。

14

（8）拱圈增设套拱加固法

当拱式桥梁的主拱圈为等截面或变截面的砖、石或混凝土等实体板拱时，且下部构造无病害，同时桥下净空与泄水面积容许部分缩小时，可在原主拱圈腹面下增设一层新拱圈，即紧贴原拱圈底面上，浇筑或锚喷混凝土新拱圈，外形上就像是在原拱圈下套做了一个新拱圈。

第二章　装配式简支空心板梁桥病害分析

简支空心板梁桥普遍出现了同系列的不同程度的功能及结构病害，主要表现为：1. 桥面铺装层出现以沿板间企口缝的纵向裂缝、坑槽和塌陷为主要形式的病害；2. 梁板间企口缝结构混凝土破碎、脱落、塌陷，荷载不能有效地进行横向传递，出现单板受力现象。

一、空心板间企口缝混凝土损坏的病害形式

1. 桥面病害

桥面铺装层出现沿板间企口缝的纵向裂缝、坑槽和塌陷，桥面铺装层出现纵、横向裂缝（图 2-1、图 2-2）。

沥青混凝土面层内部产生较大的剪应力，引起不确定破坏面的剪切变形，或者由于沥青混凝土与水泥混凝土层间结合面粘结力差，抗水平剪切能力较弱，

图 2-1　桥面纵向裂缝

图 2-2　桥面横向裂缝

在水平方向上产生相对位移发生剪切破坏，产生推移、拥包等病害；因温度变化并伴随桥面板或梁结构的大挠度而产生的裂隙，在车辆荷载及渗入的水的作用下产生面层松散和坑槽破坏（图 2-3、图 2-4）。

图 2-3　坑槽

图 2-4　桥面坑槽、沉陷

2．板缝间病害

缝间填缝料脱落，板缝间渗水漏水(图 2-5、图 2-6)。

图 2-5　板缝间填缝料脱落

图 2-6　板缝渗水

3．空心板结构病害

梁板间企口缝破碎、塌陷，荷载不能横向分布，出现单板受力现象，空心板受到的荷载远大于设计荷载，空心板下缘被拉裂。桥面铺装层破坏后，空心板直接受汽车荷载冲击，空心板上缘混凝土被碾碎（图2-7、图2-8、图2-9）。

图 2-7　企口缝破碎

图 2-8　空心板裂缝

图 2-9　空心板上缘破坏

二、空心板间企口缝混凝土损坏病害产生原因分析

产生空心板间企口缝混凝土病害的原因主要有以下几点：

1. 直接原因

空心板结构之间整体连接性能低，在大量重车作用下，空心板间企口缝连续发生损坏，严重削弱了空心板间的铰接作用，破坏了简支空心板梁桥的横向整体性，使车辆荷载不能有效传递给其他空心板，造成空心板单板受力，竖向位移加大等现象，从而致使桥面系列病害的产生。

2. 根本原因

装配式铰接空心板梁桥的横向连接能力薄弱是产生上述病害的根本原因。简支空心板梁桥通过空心板间的铰接构造传递板间的竖向剪力，并通过空心板间的铰接缝混凝土传递的剪力实现行车荷载的横向分布。板桥间的横向连接不足以抵抗行车荷载产生的横向弯矩，空心板间混凝土在行车荷载作用下就会开裂。同时由于各空心板其侧面竖向剪力产生的扭矩作用，加剧了板间混凝土的开裂，损坏加剧，最终导致板间的铰接构造混凝土发生损坏，从而影响板间竖向

剪力的传递，造成空心板单板受力。长期不利因素相互作用，加速了系列病害的产生和发展。

3. 超载严重

高速公路的交通量尤其是超载车辆，近年来迅猛增加，对桥面铺装层损害甚为严重。据交通部门的监测试验表明，车辆轴载超限对路面的破坏力呈几何级数增加，在轴载超限100％的情况下，通过沥青路面1次，相当于标准车辆通过256次；车辆超载60％，对路面造成的损害是不超载车辆的7倍；超载100％，是不超载车辆的20倍。如果放任超限车辆的通行，路面设计使用寿命为15年的高速公路，4～5年就可能遭受致命的破坏。

从2003年9月1日0时开始，河南省营运性公路收费站对载重货车实行计重收费。根据收费站的初步统计，承重车道所通过的货车超载率平均在80％以上，最高的货车超载率达165％。超载是目前河南高速公路路面结构早期破坏的主要因素，同样也是高速公路桥梁的结构病害发生发展的重要因素。

三、空心板间企口缝混凝土损坏病害产生机理分析

1. 桥面混凝土铺装层设计方面问题

桥面铺装层直接承受行车荷载、梁体变形和环境因素的作用，其变形和应力特征与主梁及桥面板结构形式密切相关，一方面可以分散荷载并参与桥面板的受力，另一方面起连接各主梁共同受力的作用，既是桥面保护层又是桥面结构的共同受力层，所以应具有足够的强度和良好的整体性，并具有足够的抗裂、抗冲击、耐磨性能。桥面铺装层直接承受车轮荷载的冲击，桥面铺装部分或全部参与了主梁结构的变形，因此桥面铺装是一个受力复杂的动力体系，各种形式的主梁及铺装本身的构造均影响其应力的分布。桥面铺装受桥梁结构的约束，受荷后其边界条件与一般路面相差甚大，加之梁体的挠度、扭曲等形变的耦合作用，给铺装层的工作性能造成了不利影响。

随着材料工业的发展，桥梁承重结构的改进，使桥梁主梁能以较柔的结构达到受力的要求，高等级公路大跨桥梁的横向越来越宽，特别在设计计算中侧重于主梁纵向的计算分析，对桥梁横向刚度重视不够，横向构造措施不利使桥面铺装分担了过多的次内力。

在对高速公路进行交通组织管理中，由于车道功能的不同，人为强制地使桥梁结构运营始终处于偏载状态，行车道的铺装层承担了比超车道高得多（量值可达 3~4 倍）的运营应力水平，因此加快了行车道铺装层的疲劳。以郑州到洛阳的高速公路为例,行车道的损伤远远比超车道严重。随着私营运输业的发展,货运业主为追求经济效益,通过改变车厢结构,如加长车厢和加高车轴弹簧等使汽车的载重、轴重及轮载成倍增加,这些车辆对铺装层具有严重的毁坏作用,并使桥梁结构局部超载,加快了行车道铺装层的病害发展。因此,在设计时应根据运营中车辆荷载的实际分布情况,在明确了桥梁结构受力的基础上,对桥面铺装层进行受力计算。

近年来我国公路桥梁建设快速发展,桥梁结构不断创新,但桥面铺装的设计与施工仍沿用传统的习惯做法,在进行桥梁结构设计时,对桥面铺装层一般不作专门的计算分析,桥梁的结构理论中对桥面铺装层的计算分析论述几近于零。随着交通量和重型车辆的增加,桥面铺装问题普遍。桥面铺装的早期损坏已成为影响高速公路使用功能的发挥和诱发交通事故的重要因素,这不仅妨碍了正常交通,影响了桥面的美观,而且更易造成交通事故,也给养护工作带来了很大困难。现行规范对沥青铺装结构的设计主要从所用材料、做法及厚度等方面作了指导性的说明,关于具体的设计理论与方法还是空白,铺装层的设计无章可循,这就造成了在实际设计中,桥面铺装层只作为桥梁工程的附属结构，设计者甚少对其花费精力，从而为桥面铺装的早期损坏埋下了隐患。因此，应加强对桥面铺装，特别是结构破坏机理和设计理论方面的研究。

郑州到漯河段十几座桥梁，桥面铺装设计完全一样，地质条件也相似，分别由多家不同的施工单位施工，但出现的病害是一致的，因此可以认为桥面铺装设计是存在缺陷的。8cm厚的混凝土铺装层，工程界一直在各等级的公路中运用了几十年。随着交通量的增大，现行铺装与重型、超重型汽车的增多和车速增快已不相适应。铺装层结构分析的欠缺，使得设计人员对其重要性认识不足，以至于其强度设计往往偏低。

装配式简支空心板梁桥因设计方面的不足引起空心板间混凝土损害的方面主要表现在：

1）反挠度问题

预应力混凝土构件由于使用了高强材料，一般做得比钢筋混凝土构件细巧，因此挠曲变形问题需要特别注意。由于预加力作用，先张法预应力混凝土空心板向上反拱，它与外荷载引起的挠度方向相反，故又称反挠度或反拱度，跨中最大。这种挠度甚至会由于混凝土徐变的作用而与时俱僧，而且上挠值随张拉龄期的不同有较大差异，这里有徐变的影响，更有混凝

土弹性模量 E_h 随时间变化的影响。因此，设计、施工中必须慎重地确定梁的反挠度，控制各片梁的初张拉龄期，否则依靠桥面铺装层是无法调整的，由此造成桥面纵横向不平顺，影响到车辆高速行驶及桥面排水。因此，设计者应结合荷载产生的向下挠度及合理控制预加应力来避免产生过大的上拱度。在旧桥加固工程中，发现空心板桥普遍存在空心板高低不平现象，预制空心板高度控制不严，超过设计高度。预制空心板建筑高度超过设计标准，将直接影响桥面铺装层的厚度，凡桥面铺装厚度达不到设计要求的，可以调整墩台帽或垫石高度或凿除超厚的顶板部分，如果上部结构已安装，墩台帽及垫石无法调整的，可采用调整纵坡的方法处理。

2）桥面混凝土铺装层钢筋配置偏弱

原来设计的纵横向钢筋间距为 20cm，且直径仅为 8mm，这样的设计对空心板横向连接能力的作用很小，尤其在渠化交通和超载车辆增加的情况下，往往会因为一些施工缺陷，很快就会发生损坏。桥面行车道汽车轮迹线附近，空心板间混凝土铺装层的大量压碎也证明了这一点。

现在高速公路桥面铺装的设计配筋一般为纵向 $\phi10$ 钢筋，间距 20cm，横向 $\phi12$ 间距为 15cm；或纵横

向均为 $\phi12$ 钢筋，间距 20cm。部分空心板桥还增加了企口缝加强筋，如企口缝内设置一根 $\phi12$ 的通长钢筋，沿通长筋每隔 20cm 设置一根 $\phi8$ 的钢筋，向两侧各延伸 20cm。

剪切变形造成了桥面纵缝的产生。随着混凝土铺装层的压碎和企口缝混凝土的损坏，桥面钢筋混凝土铺装层沿企口缝纵向损坏，降低了空心板的横向连接能力。在渠化交通和重载交通的作用下，使空心板间企口缝混凝土承受了更多的剪切力。过大的剪切力使得企口缝混凝土与空心板侧壁发生分离，或被压碎。同时雨水沿桥面纵缝的侵入，也加快了企口缝混凝土的损坏。桥面钢筋混凝土铺装层和企口缝混凝土损坏的相互影响，同时更加剧了两者的损坏。

空心板横向连接功能的降低或丧失，使板间剪切变形过大，这是导致桥面沥青面层发生损坏并难以修复和控制的内在原因。桥面板间纵缝进一步加剧，发展为桥面网裂和坑槽，损坏程度严重的，则出现了桥面结构的透空。沥青混凝土面层的简单挖补等养护措施难以阻止空心板间的剪切变形，也就无法阻止桥面病害的发展与加剧。

3）空心板间企口缝铰偏小

起横向连接作用的企口缝铰尺寸较小，而且容易破坏，现在高速公路企口缝设计形式上有所改进，断面尺寸也有所增大。

4）防水层问题

原设计没有桥面防水层，桥面混凝土铺装容易产生冻融破坏。现在在沥青面层和桥面铺装层之间设有防水层。

2. 桥面混凝土铺装层施工方法的问题

桥面钢筋混凝土铺装层的施工缺陷也是桥面损坏的重要原因。在桥面钢筋混凝土铺装层施工时，空心板上表面的处理状况和混凝土浇筑施工也影响了铺装层作用的发挥。空心板上表面没有凿毛或没有清理干净，会降低铺装层与空心板间的粘结强度；铺装层养护不够或过早通车也会造成其损坏。空心板企口缝混凝土施工浇筑振捣不密实、养护不够是桥面损坏的重要原因。

铺装层厚度偏小。由于桥梁上部结构在施工中预应力反拱无法十分准确地预测，或由于施工工艺控制欠佳，施工中做到主梁顶面标高与设计值相符比较困难，一般在测量主梁顶面标高后对其进行调整以保证桥面的厚度。如果调整不好，就会造成铺装层厚度不均，使有的地方厚度偏小。原来设计桥面铺装为8cm厚C30混凝土，原施工单位为保证桥面的平整度，最薄处厚度仅有 2cm 厚。

1) 部分桥面铺装层是在冬期施工的，混凝土的强度得不到保证。

2) 板间企口缝的浇筑不到位，混凝土振捣不密实，影响板间的横向连接。

3) 在安装支座时，空心板三点受力，空心预制板底板不在一个平面，支座点高程不一致。空心板在车辆荷载作用下，出现松动不稳，导致铺装层的破坏。支座受力不均的应用支座垫块（不锈钢）调整支座标高，使其受力一致。

4) 施工方法不对。桥面铺装的钢筋网摆放、绑扎、点焊完毕后，在浇筑混凝土前应用垫块支起，使钢筋最下缘与空心板最少相距 2cm。部分桥浇筑桥面铺装混凝土时，钢筋网紧贴空心板，无保护层，钢筋直接对桥板产生作用力，致使桥板局部应力过大产生破坏。

3. 桥梁日常养护中的问题

桥梁的损坏与其管理养护也有一定的关系，主要是桥面的排水不畅，雨水泄水孔有堵塞的现象，冬季桥面除雪融冰材料选择不当渗透结构侵蚀钢筋及混凝土。积水沿桥面裂缝的渗透加剧了桥梁各种病害的发展，桥梁结构部件受水的长期侵蚀作用，降低了其耐久性，减少了使用寿命。

　　桥梁上部结构的损坏原因可以主要归结为空心板横向连接性差、桥面钢筋混凝土铺装层结构薄弱、超载车辆增多、施工存在缺陷等。由于各方面不利因素的共同作用，造成了桥梁上部结构严重的早期损坏。

第三章 装配式简支空心板梁桥的加固技术

一、概述

由第二章的对装配式预应力简支空心板梁桥出现系列的不同程度的结构病害的调查分析，可以看出桥面铺装层出现以沿板间企口缝的纵向裂缝、坑槽和塌陷为主要形式的病害，使得梁板间企口缝结构混凝土破碎、脱落、塌陷，荷载通过时不能有效地进行横向传递，出现单板受力现象，这是主要的问题。车辆行驶在单板上，板跨中出现巨大挠度现象，其对行车的危害是巨大的，同时对该桥型桥面的病害，虽经管养单位的多次维修与养护，但不能治本，仍不能有效防止其病害的产生，桥面的病害在维修改善后，很快便又发生。

通过对高速公路装配式简支空心板梁桥同类型结构病害产生机理的分析，认为造成这些病害的原因很大程度上是空心板设计理论应用不当引起的。装配式预应力空心板梁桥设计时采用的是原苏联桥梁学者乌里茨基 20 世纪 60 年代的"铰接板法"来计算横向分布的。铰接板法是建立在横向刚度和纵向刚度之比很小的基础上，而空心板每板的横向刚度很大，而缝特别弱，横向变形必然造成横断面梳形张开，造成缝上侧应力集中而破坏。

一般对这种病害只是铲除旧桥面换成新桥面，这没有治本，三年左右，疲劳荷载和集中应力必然造成接缝再次断裂，所以我们从理论分析着手，采用了横向体外索预应力技术方案，使横向下缘处在受压状态下，平衡横向弯矩，消除应力集中的薄弱环节。这是治本的办法，与以前国内外同类病害的处置方法相比，横向预应力技术处置空心板桥梁病害的方法是治本的办法，且工艺新颖独特，方便实用。

由于原桥面大都出现严重损坏，且一般原桥面混凝土铺装层设计得过薄、钢筋配置量较小，所以也需要对桥面铺装层进行重新设计和改造。因此，在对装配式简支空心板梁桥出现病害的原因分析的基础上，如何采用科学、有效的处置技术，是工程技术人员关心的问题。目前，相关处置技术不少，以下就常用的加固技术予以介绍。

二、空心板梁桥维修加固的方法

1. 加固方法的选用原则

对桥梁进行加固，根据情况的不同，采用的方法也多种多样。究竟在什么情况下才进行加固，加固时应考虑采用何种加固方法，这些都是桥梁加固时，应该考虑的原则问题。

（1）对旧桥采取加固措施，一般有如下几种情况：

1）桥梁承载能力不足，按照现行需要通行的车辆进行验算桥梁不能满足强度要求；由于重型车辆的增加，原有桥梁承载力不够而发生损坏现象；为使整条路线上或一个路段内桥梁承载能力保持一致，对个别载重能力较低的桥梁，应按目前载重要求进行加固。

2）桥梁局部产生破损，如裂缝、剥落等，若破损严重，已不能满足强度要求时，应尽快对个别受损构件进行加固；若破损不严重，对强度要求没有影响时，可不必加固。

3）桥面宽度不足，影响车辆通过能力时，应进行拓宽加固。

4）桥梁局部或整体刚度不足，已影响正常使用时，为提高其刚度，需进行加固。

5）因遭受特大自然灾害或意外撞击，桥梁受损需进行抢修加固；以及为保证超重车辆临时通过桥梁时的安全，需对桥梁进行临时加固。

（2）桥梁加固方法的选用原则如下：

1）桥梁加固是一种借加大或修复桥梁构件来提高局部或整座桥梁承载能力或通过能力的措施，因此，桥梁加固工作一般以不更改原建筑形式为原则。只有在复杂情况下，才更改其结构。如仅加固仍不足以适应交通运输的需要，必须进行重建桥梁的部分或全部时，则重建桥梁需考虑到将来的发展，并按现行桥梁相关规范进行设计与施工。

2）桥梁加固可以有各种不同的方式，视桥梁结构状况、承载能力的减弱程度以及今后的任务而变。

3）采用扩大或增加桥梁构件截面的方法进行加固时，应特别注意新加部分与原有部分的结合，使其成为一个整体起到加固作用；不管采用何种加固方案，都应考虑投资少、工效快、尽可能不中断交通、技术上可行、有较好的耐久性等方面的需求。

2．维修加固的常用方法

钢筋混凝土梁桥和预应力混凝土梁桥常用的加固方法有：桥面补强层加固、增大梁截面和配筋加固、体外预应力加固、粘贴钢板或碳纤维布加固、改变结构体系加固，见表 3-1。

钢筋混凝土梁桥和预应力混凝土梁桥常用加固方法　　表 3-1

加固方法	简图	说明
桥面补强层加固	1—锚固钢筋；2—桥面补强层	在梁顶（桥面）上加铺一层钢筋混凝土层，使其与原有主梁形成整体，从而达到增大主梁有效高度和抗压截面，增加桥面整体刚度，提高承载能力的目的。其加固特点是施工简便，经济有效，但在桥面加固补强的同时，恒载亦增加，应通过计算判断桥面增厚后是否可以提高承载能力。同时为减少补强层增加的恒载，往往必须先将原有桥面铺装层凿除
浇筑钢筋混凝土加大截面加固法	(a)　　(b)　　(a)连接钢筋；(b)截面示意	在梁底面或侧面，加大钢筋混凝土截面（并增配主筋、箍筋），使梁抗弯截面加大，从而达到提高承载能力的效果，其特点是： 　1. 为加强新旧混凝土的结合，需对旧梁面进行凿毛工作，操作麻烦，凿除难度大，常需在桥下搭设脚手架，故在梁桥加固中使用不多； 　2. 对 T 形梁有采用底面及侧面同时加大，以及底部马蹄形加大两种加固形式

加固方法	简 图	说 明
补加钢筋加固法	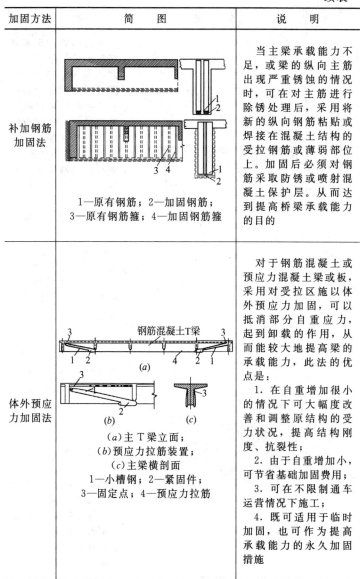1—原有钢筋；2—加固钢筋；3—原有钢筋箍；4—加固钢筋箍	当主梁承载能力不足，或梁的纵向主筋出现严重锈蚀的情况时，可在对主筋进行除锈处理后，采用将新的纵向钢筋粘贴或焊接在混凝土结构的受拉钢筋或薄弱部位上。加固后必须对钢筋采取防锈或喷射混凝土保护层。从而达到提高桥梁承载能力的目的
体外预应力加固法	钢筋混凝土T梁 3　　3 1　2　4　2　1 (a) 3 3 2 (b)　　(c) （a）主 T 梁立面； （b）预应力拉筋装置； （c）主梁横剖面 1—小槽钢；2—紧固件；3—固定点；4—预应力拉筋	对于钢筋混凝土或预应力混凝土梁或板，采用对受拉区施以体外预应力加固，可以抵消部分自重应力，起到卸载的作用，从而能较大地提高梁的承载能力，此法的优点是： 　　1.在自重增加很小的情况下可大幅度改善和调整原结构的受力状况，提高结构刚度、抗裂性； 　　2.由于自重增加小，可节省基础加固费用； 　　3.可在不限制通车运营情况下施工； 　　4.既可适用于临时加固，也可作为提高承载能力的永久加固措施

加固方法	简 图	说 明
粘贴钢板加固法	原钢筋 粘贴钢板 原钢筋 粘贴钢板	此法与补加钢筋加固法相近，但由于其方法简单、效果好，所以目前也应用得较多。主要是采用胶粘剂及锚栓，将钢板粘贴锚固在混凝土结构的受力缘或薄弱部位，使其与原结构形成整体。本加固方法的特点是： 1. 不需要破坏被加固原结构的尺寸； 2. 施工工艺简单，施工质量较易控制； 3. 施工工期短，较经济，是一种简便的加固方法
粘贴纤维增强复合材料加固法	纤维增强复合材料	采用建筑结构胶（胶粘剂）将碳纤维布或E形高强玻璃纤维布粘贴在混凝土构件表面，当结构荷载增加时，纤维布因与混凝土协调变形而共同受力，从而使混凝土构件提高承载能力的刚度。此法由于采用的纤维增强复合材料性能优秀，与原结构粘贴更为牢固，耐久性能好，必将更广泛地应用于桥梁加固工程中

加固方法	简　图	说　明
八字支撑临时加固法	1—原桥墩；2—钢筋混凝土斜撑； 3—钢筋混凝土水平撑	在梁中下部采用八字支撑进行加固，此法加固效果较差，且必须考虑支撑点梁上缘有可能出现负弯矩，因此一般作为中、低级桥梁临时加固之用
增设纵梁加固法	1—旧梁；2—新增纵梁； 3—新加铺桥面	在墩台地基安全性能好，并具有足够承载能力的情况下，可采用增设承载能力高和刚度大的新纵梁。新梁与旧梁相连接（横隔梁及桥面），共同受力。由于荷载在新增主梁后的桥梁结构中重新分布，使原有梁中所受荷载减少，从而使加固后的桥梁承载能力和刚度得到提高。为保证新、旧混凝土能够共同工作，必须注意做好新、旧梁之间的横向连接

加固方法	简　图	说　明
改变结构体系加固法	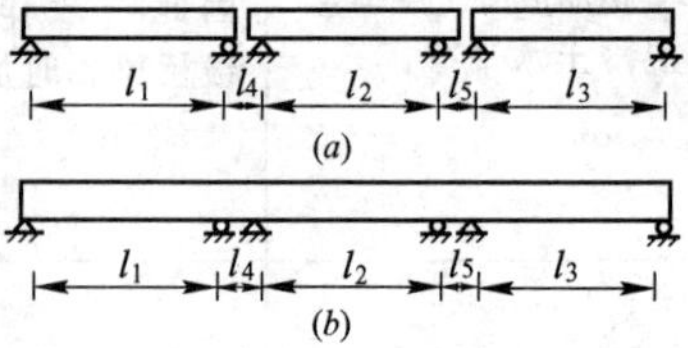 （a）简支体系；（b）连续体系	改变结构体系加固常用方法有： 1. 在简支梁下增设支架式桥墩； 2. 把简支梁与简支梁加以连接，即简支梁结构改变为连续结构，如图所示，将三跨简支体系改变为三跨连续结构； 3. 在梁下增设钢桁架等加劲或叠合梁； 4. 在拱桥上增设钢梁等。改变结构体系方法很多，但有些方法加固时往往需要在桥下操作，或设置永久设施，影响桥下净空。同时，由于在梁下增设支点，而支点处将产生负弯矩，故必须进行受力计算，必要时必须对支点处进行加固

下面，将对上述钢筋混凝土梁桥和预应力混凝梁桥的常用加固方法及钢梁桥的加固方法加以介绍，并辅以实例，供参考。

三、桥面补强层加固

公路桥梁桥面行车道板，起着直接承受作用于桥面铺装上的荷载，并传递分配荷载的作用。桥面板与铺装层、伸缩缝一起，都直接承受汽车车轮荷载的作用，应力集中显著。加上行车道板计算跨径较小，故其所受应力变化与冲击影响也较大。因此，可以说桥面板是公路桥的主要构件中承受荷载和应力最大的构件之一。

随着过桥车辆的日趋大型化、重型化以及交通量的迅速增长，车辆对桥梁构件的冲击力增加，应力超过的频率和疲劳的影响都越来越大，因此桥面板的破坏时有发生。而钢筋混凝土桥面板出现破坏的形式，一般和其他混凝土构件相同，有裂缝、磨耗、剥离、露筋、锈蚀，严重的还会出现破碎、脱落、洞穴等。

当然，桥面板出现破坏的原因是多方面的，但主要还是设计不当、施工质量不良，以及运营中遭到外界荷载的影响等。

桥面板出现碎破、断裂、脱落等破坏现象后，将直接影响车辆的过桥通行，危及交通安全。因此，必须采用加固措施，对其进行维修加固。

1. 桥面补强层加固法

（1）桥面补强层加固的常用方法

在旧有混凝土或钢筋混凝土桥面板上，重新加铺一层混凝土或钢筋混凝土补强层，这种方法称为桥面板补强层加固法。此法既能修补已出现裂缝、剥离等损坏的桥面板，又能加高原有梁板的有效高度，增加梁板的抗弯能力，改善铰接梁板的荷载横向分布，从而提高桥梁的承载能力。

采用桥面补强层加固施工比较方便，可与一般修筑桥面混凝土铺装层一样进行。这种加固法对双车道或桥面拓宽的梁板桥，可以两边分开先后施工，对交通影响不大。同时，还可结合道路路面维修养护工作一起进行，有利因素较多。

桥面补强层加固的常用方法有：采用钢筋网与混凝土、钢筋网与膨胀混凝土、钢纤维混凝土等。三种方法的构造简图如表 3-2 所示。

桥面补强层加固方法种类　　　表 3-2

补强层加固方法	构 造 简 图
钢筋 ＋ 普通混凝土 （或干硬性混凝土）	 7.3cm　钢筋　普通混凝土补强层　原桥面　接合面凿成齿形缝
钢筋 ＋ 膨胀混凝土 或干硬性混凝土	 7.3cm　钢筋　膨胀混凝土补强层　齿形缝　原桥面

补强层加固方法	构 造 简 图
钢纤维混凝土	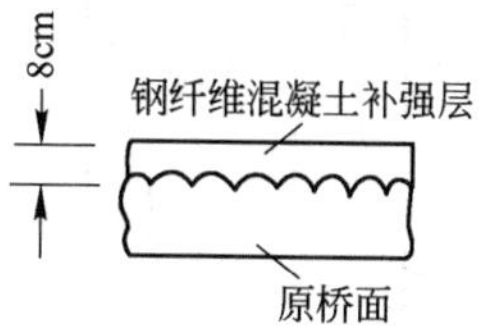 8cm 钢纤维混凝土补强层 原桥面

（2）桥面补强层加固法的设计计算

桥面补强层加固设计计算的前提是，补强层能与旧桥面（梁面）结合良好，成为一个牢固的整体。《公路钢筋混凝土及预应力混凝土桥涵设计规范》（JTGD 62—2004)规定：当水泥混凝土铺装层与板能共同受力时（铺装层与板能整体受力的条件下），板的计算厚度可计入扣除磨耗层（不少于 2cm）后的水泥混凝土铺装层的厚度。可见，计入补强层厚度后的构件强度计算与普通钢筋混凝土梁一样计算，这就不再赘述。

2. 桥面补强层加固法的施工

（1）桥面补强层加固法的施工工艺流程

桥面补强层加固法的施工工艺流程如图 3-1。

（2）桥面补强层加固法的施工措施

桥面补强层加固法能否达到预期效果，关键取决于新旧混凝土能否牢固地形成一个整体。因此，为确保新旧结构共同受力的可靠性和耐久性，需要从施工

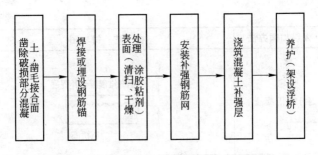

图 3-1　桥面补强层加固法的施工工艺流程

工艺上采取适当措施，以提高新、旧混凝土的粘结程度。一般可采用的措施有：

1) 对旧桥进行凿毛处理。先凿去桥面铺装（若为沥青混凝土铺装层，则务必全部凿除），然后再凿去部分梁顶面混凝土，约 2cm 左右，并使表面粗糙，成齿状形，箍筋外露。

2) 对结合面进行适当处理，如采取清扫、干燥等措施。

3) 为使新、旧混凝土有更好的黏性，在凿毛后的混凝土面上可涂抹一层胶粘剂，如 1:0.4 铝粉水泥浆、1:1 铝粉水泥砂浆、环氧胶液等。

4) 加设新旧混凝土之间的联系钢筋。可在旧混凝土层上设置钢筋锚，如图 3-2；也可把补强层钢筋网与底层钢筋焊接。

5) 采用硬性混凝土或钢纤维混凝土浇筑补强层，

42

以减少新浇混凝土的收缩，从而减少新、旧混凝土之间产生的差动收缩力，提高补强效果。

6）补强层混凝土浇筑后，应加强养护，避免补强层过早受力，故可在桥面上架设临时过桥的方法，见图 3-3。

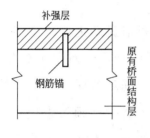

图 3-2　加设钢筋锚示意图　图 3-3　为避免补强层过早受力而设置过桥的示意图

四、增大截面和配筋加固

当空心板桥梁部结构的强度、刚度、稳定性和抗裂性能不足时，通常可采用增大构件截面和增加配筋的加固方法。其优点是：能在桥下施工，不影响交通，加固工作量不大，而且加固的效果也较为显著。对抗拉强度不足的简支梁桥进行加固时，可在梁底部（受拉区）或侧面增配补强主筋，或在腹板上增设补强箍筋，然后喷涂或浇筑混凝土，从而使梁的抗弯截面增大，以提高梁的承载力；对有主梁下挠和腹板开裂等主要病害的中等跨径连续预应力混凝土箱梁桥加固时，可在维持通车情况下在箱内浇筑大批量混凝土配合体内束，使整体刚度增强、挠曲线和应力情况达到设计预期要求。

总之，增大构件截面和配筋来提高主梁承载能力的加固法，一般多用于板梁桥的加固。对于板梁桥，主要考虑增设板梁底面的加强主筋和截面；对于 T 形梁桥除考虑增设梁底主筋和截面外，还须考虑设置套箍；对于中等跨径多跨连续箱梁桥，主要是在箱内浇筑混凝土加厚腹板并配体内弯束进行加固。三者在施工上有所区别，故分述如下供参考。

（1）施工程序

板梁桥主要是考虑梁的抗弯截面强度不足，而需要在受拉区增设补强主筋，并使其与原主筋能够连接牢固，共同发挥作用。

其施工程序如下：

1）凿槽、配设补强钢筋。首先沿着构件底部主筋部位下面凿槽。槽不宜过宽过深，以不影响补强钢筋的放置及焊接力度，并尽量减少原主筋周围混凝土的握裹力损失。槽凿好后，接着剪断原有钢筋，放入补强钢筋。

2）将补强钢筋与原主筋焊接。焊接时一般可采用焊一段空一段的间断焊接方式（焊缝长约 6～8cm），以免温度过高影响混凝土质量。剪断的钢箍可焊在补强钢筋上，使其形成较为牢固的钢筋骨架。

3）将板梁底部的混凝土表面凿毛、洗净。

4）喷涂或浇筑砂浆或以混凝土予以覆盖，以形成新、旧钢筋混凝土结合良好的断面。混凝土或砂浆覆盖层不宜太薄，其最小厚度应符合钢筋混凝土截面保护层的要求。

（2）施工措施和要求

为确保加固工作获得预期效果，施工中要注意采取各种有效措施，使加固工程质量得到保证。

1）为避免在焊接钢筋时，因温度过高而烧坏混凝土，影响混凝土与钢筋之间的握裹力，焊接钢筋时可用湿布裹住焊接附近的钢筋，使之降温。对烧坏的混凝土要尽量凿除。另外，由于钢筋受热而伸长并以自重的影响使钢筋有下垂现象，对下垂钢筋要用木棍顶住，再焊接箍筋。

2）为便于混凝土的浇筑，可采用在桥孔下设置轻便托模的方法。托模的做法是：模板用 8 号铁丝吊在桥底，用木撑撑住模板，再用钢丝绳将长方木吊在人行道立柱根部，以保证模板稳定，使振捣时不易变形。

3）为保证新、旧混凝土的接合，减少因变形而产生的接合裂缝，在喷涂砂浆或浇筑混凝土前，应用压力水冲除接合部位的余灰，使其湿润。通常可采用早强砂浆、早强混凝土或膨胀混凝土喷涂或浇筑。

4）加强新浇水泥砂浆层或混凝土层的养生工作。同时，为避免因过早行车而影响加固工程质量，也可采用架设浮桥的方法。

5）为避免影响桥下通航，还可采用悬挂式脚手架的形式进行施工。施工时，在桥的两侧钢筋混凝土栏杆上系绕直径为 20mm 的钢丝绳，并穿过泄水孔兜住桥面，桥下一头钢丝绳捆扎圆木，上面加方木再满铺 5cm 厚木板作为施工作业之用，脚手顶面距梁底 2m 左右以便施工操作。

五、体外预应力加固

体外预应力加固法具有许多优点，如加固效果好、工作可靠、可以减少或限制结构的裂缝和其他变形、对桥梁营运使用的影响较小，可在不限制通行的条件下完成加固施工，在人力、物力和资金消耗方面也具有明显的经济合理性。因此，采用体外预应力加固既可作为桥梁通过重车的临时加固手段，又可作为永久提高桥梁荷载等级的措施。

当用体外预应力方法加固梁桥结构时，应首先考虑的主要问题是：施加预应力的方法、预应力损失的估计和减少预应力损失的措施，以及预应力加固的设计计算。

（一）施加预应力的常用方法。采用体外预应力加固法加固钢筋混凝土或预应力混凝土梁桥，其加固件一般采用钢杆、粗钢筋或钢丝索等钢材。施加预应力的方法有纵向张拉法、横向张拉法和绞紧钢丝束等。

（二）预应力损失的估计和减少预应力损失的措施。预应力损失是影响到预应力加固的适用范围和加固后工作状态的重要问题。预应力损失可由加固件本身和承受加固件作用的结构两方面的变形而产生，主要因素有：基础的徐变和地基沉降；被加固构件的收缩和其他变形；加固体本身的徐变；加固件节点和传力构造的变形；温度应变等。预应力加固件在使用过程中，由于基础沉降、温度应变、新浇混凝土徐变等具体原因将产生较大预应力损失。这时，为减少预应力损失以保证加固效果，必须在加固过程中，预留构造措施，以便在使用过程中及时调整加固件的工作应力数值。

（三）预应力加固的设计计算。预应力加固的设计计算应首先绘制加固前、后结构受力图形，分析内力的变化。加固件中，工作应力数值应满足原有结构加固的需要。加固件中施加的预应力数值应为工作应力和预应力损失数值之和。预应力损失值在具备一定经验和资料时可由计算确定，在经验和资料尚不充分时宜在加固前由试验测定。

1. 预应力拉杆加固钢筋混凝土梁板

钢筋混凝土梁板是受弯或以受弯为主的横向受力构件。其预应力补强加固一般采用预应力拉杆，常用的拉杆体系有三种：水平的预应力补强拉杆、下撑式预应力补强拉杆以及组合式预应力补强拉杆。

（1）水平的预应力补强拉杆加固

对于钢筋混凝土或预应力混凝土 T 形梁或工字梁桥，可采用在断面的受拉侧，即在梁底下加设预应力水平拉杆的简易补强方法进行加固，见图 3-4。

从图中可看到：当拉杆安装并通过紧销钢栓实施横向拉力后，钢拉杆内将产生较大纵向拉力，于是，梁受拉区就受到拉杆顶压应力的作用，梁中受拉应力也就相应减少。

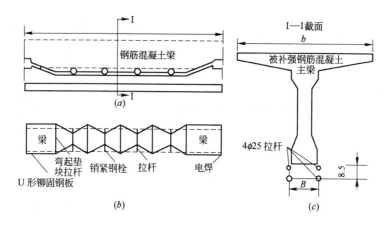

图 3-4　水平的预应力补强拉杆加固(单位：cm)

(a)梁底拉杆侧面示意图；(b)梁底拉杆仰视示意图；(c)Ⅰ—Ⅰ剖面图

从加固原理看：这种补强加固法可提高梁构件正截面抗弯承载力，但不能提高支座附近斜截面拉剪承载能力。

(2)下撑式预应力补强拉杆加固

将水平的补强拉杆在接近支座处向上弯起，锚固于梁板支座的上部，弯起点处增设传力构造，再施加预拉应力。这种加固装置即为下撑式预应力补强拉杆的加固方法。

在桥下净空许可条件下，可采用图 3-5 所示的下撑式补强拉杆加固空心板钢筋混凝土梁的方法。

这种加固法的预应力补强拉杆用钢材制成，拉杆弯起点设立柱，立柱用钢筋混凝土或混凝土制成。立

49

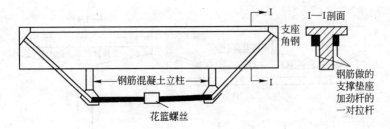

图 3-5 下撑式加劲拉杆加固钢筋混凝土梁

柱一般设在 1/4 跨径的地方，以使预应力加固件的斜拉杆与水平线的角度为 $30°\sim45°$。预应力加固件的斜拉杆，装在被加固梁的两端。在钢筋混凝土梁上凿开一个安放垫座的位置，割去一部分梁的钢筋箍和竖钢箍，并用角钢或槽钢做成的支撑垫座安放在凿好的洞内，与斜拉杆成垂直角。斜拉杆的一端插入支承垫座内用螺帽扣紧，另一端在立柱下面用一对节点板和水平拉杆结合。装好后，用花篮螺丝把加劲的水平拉杆拧紧。为减少对桥下净空的影响，预应力补强拉杆也可布置在主梁腹部的两侧（中和轴以下）。图 3-6 为两种不同的布置形式。

为使补强拉杆锚固于腹板，形成整体，锚固的方法有多种。图 3-7(*a*) 为用夹具锚固的情况；图 3-7(*b*) 为用钢板套箍锚固的情况。

由于下撑式预应力补强拉杆布置较为合理，拉杆中施加预应力后，通过拉杆弯起点的支托构件传力，

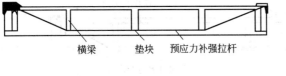

横梁　垫块　预应力补强拉杆

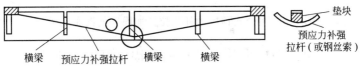

垫块
预应力补强
拉杆(或钢丝索)

横梁　预应力补强拉杆　横梁　横梁

图 3-6　下撑式补强拉杆的布置形式

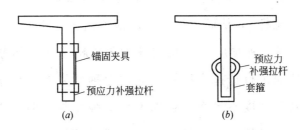

锚固夹具

预应力补强拉杆

预应力
补强拉杆

套箍

(a)　　　　　　　　　(b)

图 3-7　补强拉杆锚固于梁腹的方法

(a)用夹具锚固；(b)用套箍锚固

与梁结构产生作用力，起到卸载作用。这种加固方法的优点是可对受弯构件垂直截面上的抗弯强度和斜截面上的抗剪强度同时起到补强作用。此法加固效果显著，构造妥善时可将原结构的承载能力增大一倍。

（3）组合式预应力补强拉杆加固

这是既布置有水平补强拉杆，又布置有下撑式补强拉杆的组合式预应力加固方法，见图3-8。

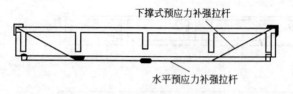

图 3-8　组合式预应力补强拉杆加固钢筋混凝土梁

组合式预应力补强拉杆的加固法既具有下撑式预应力补强拉杆可同时提高抗弯、抗剪强度的优点，又可在必要时将通常安设的两根拉杆增加到四根（两根为水平拉杆），从而可更大幅度地提高承载能力。

上述三种预应力补强拉杆加固法的采用，可根据具体情况进行选择。从补强的内力种类来看，当梁板跨中受弯强度不足而斜截面上抗剪强度足够时，可考虑采用水平的预应力拉杆及其他两种拉杆。当梁板支座附近斜截面抗剪强度不足时，则应采用下撑式和组合式预应力拉杆。从要求补强的数量大小来看，承载力增加较小时可采用水平的或下撑式拉杆，要求补强加固后承载力能提高较大时，宜采用组合式补强拉杆。此外，三种拉杆选择均须考虑施工的方便与可能。

2. 空心板桥体外预应力加固的设计和施工

空心板桥采用体外预应力加固时的形式及其适用情况见表 3-3。

形式及适用情况		简　图	说　明
钢筋混凝土板梁加固	锚固于梁顶	斜筋 滑块　垫板　水平筋	水平拉杆和斜拉杆由二根粗钢筋组成体外预应力加固体系。斜拉杆与滑块固定，通常是张拉水平筋牵动斜杆受力，斜杆的顶端多锚固在梁顶上，也有锚固在腹板上的
	锚固于梁腹	高强螺栓锚固板　　斜筋 垫板　水平筋　滑块	
钢筋混凝土T梁或工字梁加固	锚固于梁腹，用钢绞线作拉索	锚固销 U形承托　体外预应力索	采用钢绞线作为预应力索，用手动葫芦张拉水平筋并锚固于梁腹
	锚固于梁顶，用钢绞线作拉索	锚头 体外预应力索　U形承托	同样采用钢绞线作为预应力索，并用千斤顶张拉并锚固于梁顶部

形式及适用情况		简　图	说　明
钢筋混凝土T梁或工字梁加固	锚固于梁腹，用钢绞线作预应力筋	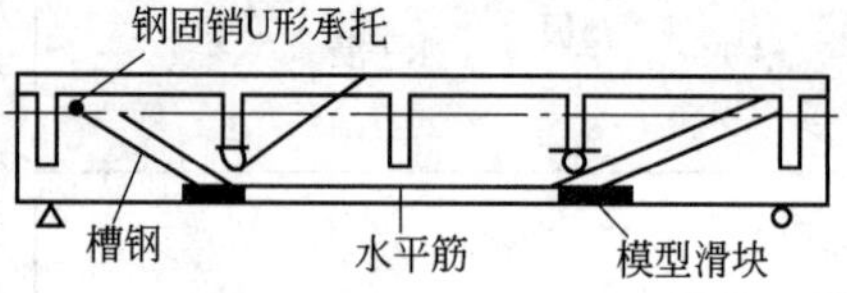	斜杆采用刚度较大的槽钢并与楔形滑块构成一体，水平筋采用粗钢筋、钢绞线或高强钢丝等，用千斤顶张拉水平筋从而对梁体实施预应力
悬臂钢筋混凝土梁加固	锚固于梁腹，用钢绞线作预应力筋	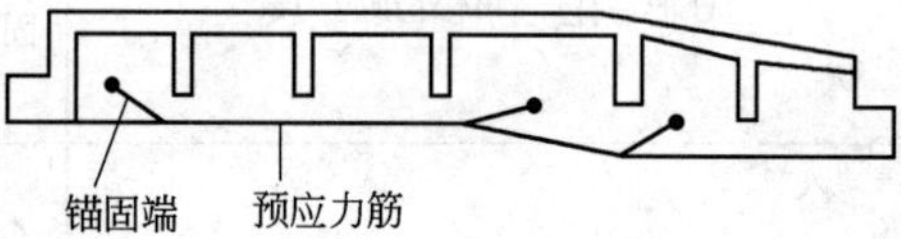	以钢绞线作为预应力筋置于梁底部，锚固点设于腋梁上。张拉时可两端同时进行。张拉锚固完成后将钢绞线套入无缝钢管再压浆防护

简图（上）标注：钢固销U形承托　槽钢　水平筋　模型滑块

简图（下）标注：锚固端　预应力筋

形式及适用情况		简 图	说 明
悬臂钢筋混凝土梁加固	悬臂支点上方布置预应力钢筋	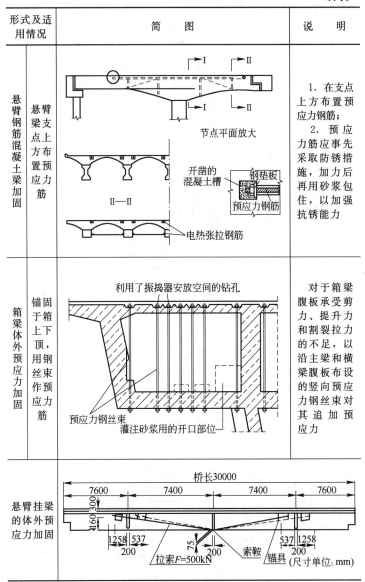	1. 在支点上方布置预应力钢筋; 2. 预应力筋应事先采取防锈措施, 加力后再用砂浆包住, 以加强抗锈能力
箱梁体外预应力加固	锚固于箱上顶下, 用钢丝束作预应力筋		对于箱梁腹板承受剪力、提升力和割裂拉力的不足, 以沿主梁和横梁腹板布设的竖向预应力钢丝束对其追加预应力
悬臂挂梁的体外预应力加固			

节点平面放大

开凿的混凝土槽

钢垫板

预应力钢筋

Ⅱ—Ⅱ

电热张拉钢筋

利用了振捣器安放空间的钻孔

预应力钢丝束

灌注砂浆用的开口部位

桥长30000

7600   7400   7400   7600

1258 537   537 1258

200   200   200

拉索F=500kN   索鞍   锚具

(尺寸单位: mm)

形式及适用情况		简 图	说 明
箱梁体外预应力加固	竖向预应力加固	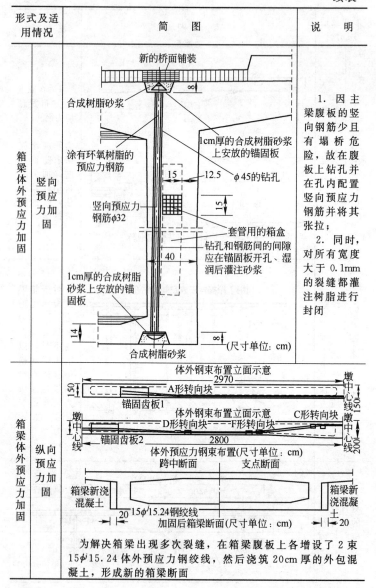	1．因主梁腹板的竖向钢筋少且有塌桥危险，故在腹板上钻孔并在孔内配置竖向预应力钢筋并将其张拉； 2．同时，对所有宽度大于 0.1mm 的裂缝都灌注树脂进行封闭
箱梁体外预应力加固	纵向预应力加固	为解决箱梁出现多次裂缝，在箱梁腹板上各增设了 2 束 15ψ15.24 体外预应力钢绞线，然后浇筑 20cm 厚的外包混凝土，形成新的箱梁断面	

1) 体外预应力加固设计

采用体外预应力加固梁桥构件，应事先进行必要的设计计算。由于加固后，预应力拉杆与梁桥构件将组成了一个整体并共同工作。因此，补强拉杆与被补强梁桥组成了一个新的复合体系，这样就改变了结构原来的静力图形，并且提高了它的承载能力。

体外预应力补强加固设计计算步骤和方法如下：

（1）计算求出被补强梁桥提高荷载等级前所受荷载及其引起的内力。包括恒载内力和活载内力计算两项内容。方法与通常梁桥设计时的内力计算相同，不再赘述。

（2）计算提高荷载标准后的活载内力，并由恒载与活载的组合验算加固的必要性。

（3）由上面两项之差得出内力的提高值（即需补强加固的抵抗力矩及剪力等），估算出补强拉杆（体外预应力钢筋）应有的截面面积。

（4）计算和确定拉杆，即预应力筋所需的张拉力与伸长量。

（5）承载力验算。

（6）计算确定施工中控制张拉时需要的控制量。

采用力法的体外预应力加固体系分析及计算公式见表3-4。

其中，$L=8.66\text{m}$、14.06m、16.76m 钢筋混凝土

T形梁体外预应力加固设计分别见表 3-5～表 3-7；体外预应力拉筋的防腐设计见表 3-8。

2）体外预应力加固施工

体外预应力加固施工流程见表 3-9，体外预应力加固钢筋混凝土 T 形梁施工要点见表 3-10，体外预应力加固施工安全技术要求见表 3-11。

体外预应力加固体系受力分析及计算（力法）　表 3-4

项目	计算公式及简图	说　明
体外预应力加固体系整体计算图式	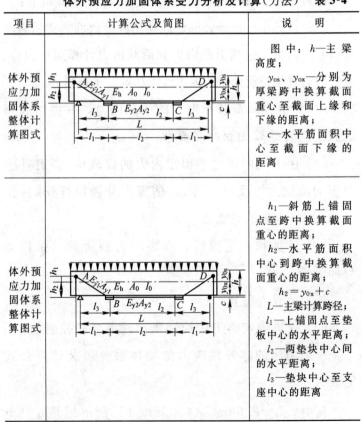	图中：h—主梁高度； y_{os}、y_{ox}—分别为厚梁跨中换算截面重心至截面上缘和下缘的距离； c—水平筋面积中心至截面下缘的距离
体外预应力加固体系整体计算图式		h_1—斜筋上锚固点至跨中换算截面重心的距离； h_2—水平筋面积中心到跨中换算截面重心的距离； $h_2 = y_{0x} + c$ L—主梁计算跨径； l_1—上锚固点至垫板中心的水平距离； l_2—两垫块中心间的水平距离； l_3—垫块中心至支座中心的距离

项目	计算公式及简图	说 明
力法计算图式	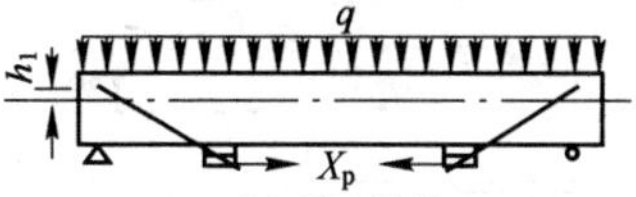 (a) 基本结构 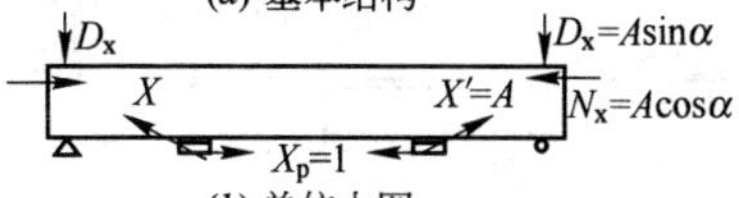 (b) 单位力图 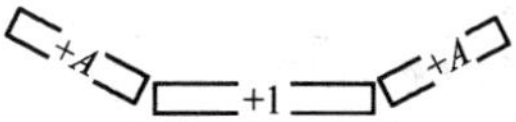 (c) 拉杆N_1图(以拉为正) 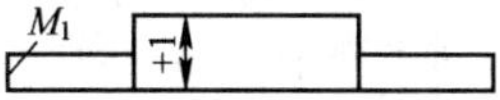 (d) 梁体M_1图(以压为正) 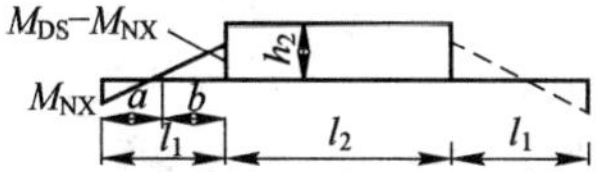 (e) 梁体N_1图(以下缘受拉为正) 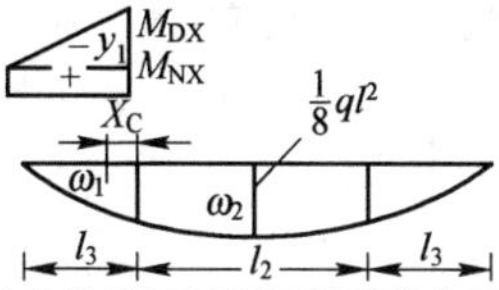 (f) 梁体M_p图(以下缘受拉为正)	图中：q—活载集度(汽车+人群或挂车荷载)； ω_1—活载弯矩图中垫板中心到支座中心间的弯矩图面积； ω_2—两垫板中心间活载弯矩图面积； X_c—ω_1的重心到垫板中心的距离； y_1—单位力引起的梁端负弯矩面积重心的坐标； a—单位力引起的梁端弯矩零点至上锚固点的水平距离； b—单位力引起的梁端弯矩零点至垫板中心的水平距离
水平筋拉力X_p的计算	1. 力法方程：$\delta_{11}X_p+\Delta_{1p}=0$ 2. 自由项Δ_{1p}计算(忽略梁体剪切变形)： $\Delta_{1p}=\int\dfrac{\overline{M_1}M_p}{EI}dx=\dfrac{1}{E_hI_0}(2W_1Ah_1\cos\alpha-2W_1Y_1-W_2)$ 3. 变位δ_{11}计算：$\delta_{11}=\sum\limits_{i=1}^{3}\int\dfrac{\overline{N_1^2}}{EA}dx+\int\dfrac{\overline{M_1^2}}{EI}dx=$ $\dfrac{2A^2l_1}{E_{Y_1}A_{Y_1}\cos\alpha}+\dfrac{l_2}{E_{Y_2}A_{Y_2}}+\dfrac{1}{E_hA_0}(2l_1A^2\cos^2\alpha+l_2)+$ $\dfrac{1}{E_hI_1}\left[\dfrac{2}{3}\alpha A^2h_1^2\cos^2\alpha+\dfrac{2}{3}b(M_{DX}+M_{NX})^2+l_2h_2^2\right]$ 4. 水平拉力 $X_p=-\Delta_{1p}/\delta_{11}$	式中：$W_1=\dfrac{1}{2}ql_2^2$ $(L/2+l_3/3)$； $W_2=\dfrac{1}{12}qL^3-\dfrac{1}{2}qL_3^2(L/2+l_3/3)$； $Y_1=(l_1-X_c)A\sin\alpha$； $X_c=\dfrac{l_3(2L-l_3)}{6L-4l_3}$； $a=h_1\cot\alpha$； $b=l_1h_1\cot\alpha$； $M_{NX}=Ah_1\cos\alpha$ $M_{DX}=Al_1\sin\alpha$

59

L＝8.66m 钢筋混凝土 T 梁体外预应力加固

设计图（尺寸单位：cm） 表 3-5

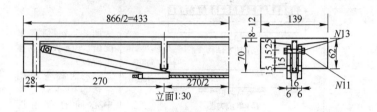

立面1:30

钢材数量表（一片梁）

序号	略　图	钢种、材料	厚度（mm）	质量（kg）	数量	总质量（kg）
*N*1		140 ⊏		45.59	4	182.35
*N*2			10	9.24	4	36.94
*N*3			10	2.504	4	10.02
*N*4			10	4.49	4	17.94
*N*5		*A*3	20	1.51	4	6.03
*N*6			8	0.54	4	2.18
*N*7			10	0.66	4	2.64
*N*8			10	0.059	8	0.47
*N*1-1			30	2.88	4	11.52
*N*9		45 号	80	0.84	4	3.36
*N*10				4.14	4	16.56
*N*11		*A*3	25	3.33	4	13.32
*N*12				1.40	2	2.80
*N*13		45 号		10.32	2	2.64
*L*₁	415	15MngSiB	25	15.98	2	31.96
Σ						358.73

表 3-6

L=14.06m 钢筋混凝土 T 梁体外预应力加固设计图（尺寸单位：cm）

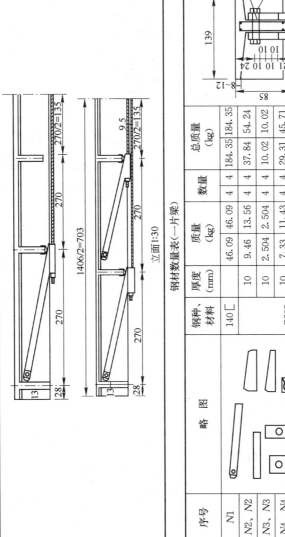

立面1:30

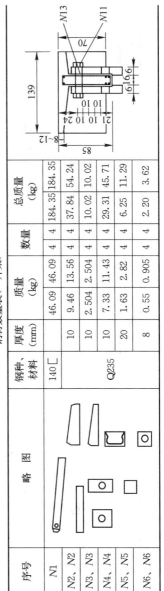

钢材数量表（一片梁）

序号	略 图	钢种、材料	厚度(mm)	质量(kg)		数量	总质量(kg)	
N1		140 ⌷		46.09	46.09	4	184.35	184.35
N2、N2			10	9.46	13.56	4	37.84	54.24
N3、N3			10	2.504	2.504	4	10.02	10.02
N4、N4		Q235	10	7.33	11.43	4	29.31	45.71
N5、N5			20	1.63	2.82	4	6.25	11.29
N6、N6			8	0.55	0.905	4	2.20	3.62

61

钢材数量表（一片梁）

序号	略图	钢种、材料	厚度(mm)	质量(kg)	数量	总质量(kg)	
N7		Q235	10	0.66	4	2.64	2.64
N8		Q235	10	0.059	8	0.47	0.47
N1-1		45号	30	2.88	4	11.52	11.52
N9			80	0.84	4	3.36	3.36
N10		Q235		4.14	4	16.56	16.56
N11			25	3.33	4	13.32	13.32
N12				1.40	2	2.80	2.80
N13		45号		10.32	2	20.64	20.64
L_1、L_2	955(415)	15MnSiB	25	36.77	2	73.54	31.96
Σ				15.98		415.09	(412.5)

表 3-7

L=16.76m 钢筋混凝土 T 梁体外预应力加固设计图（尺寸单位：cm）

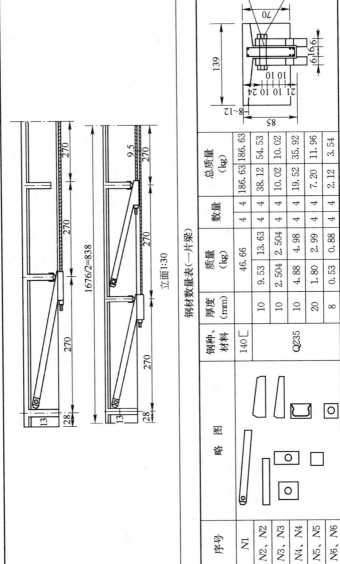

立面1:30

钢材数量表（一片梁）

序号	略 图	钢种、材料	厚度(mm)	质量(kg)	数量	总质量(kg)
N1		140匚		46.66	4	186.63 186.63
N2、N2			10	9.53 13.63	4 4	38.12 54.53
N3、N3		Q235	10	2.504 2.504	4 4	10.02 10.02
N4、N4			10	4.88 4.98	4	19.52 35.92
N5、N5			20	1.80 2.99	4	7.20 11.96
N6、N6			8	0.53 0.88	4	2.12 3.54

钢材数量表(一片梁)

序号	略图	钢种、材料	厚度(mm)	质量(kg)	数量	总质量(kg)	
N7		Q235	10	0.66	4	2.64	2.64
N8			10	0.059	8	0.47	0.47
N1-1			30	2.88	4	11.52	11.52
N9		45号	80	0.84	4	3.36	3.36
N10		Q235		4.14	4	16.56	16.56
N11			25	3.33	4	13.32	13.32
N12				1.40	2	2.80	2.80
N13		45号		10.32	2	20.64	20.64
L₁, L₂	1225(685)	15MnₐSB	25	47.16 26.37	2	94.33	56.75
Σ						429.24 (430.66)	429.24 (430.66)

体外预应力拉筋的防腐防护

表 3-8

拉筋的防腐工艺简图	说 明
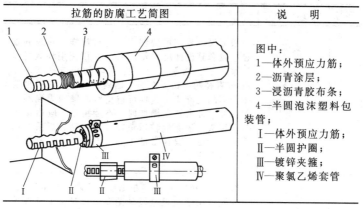	图中： 1—体外预应力筋； 2—沥青涂层； 3—浸沥青胶布条； 4—半圆泡沫塑料包装管； Ⅰ—体外预应力筋； Ⅱ—半圆护圈； Ⅲ—镀锌夹箍； Ⅳ—聚氯乙烯套管

体外预应力加固施工流程

表 3-9

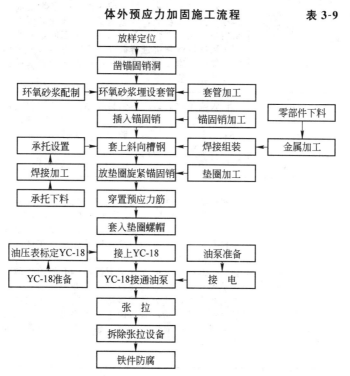

体外预应力加固钢筋混凝土T梁施工要点　　**表 3-10**

序号	步　骤	施工要点说明
1	主梁锚固孔定位凿洞	根据设计规定的锚固中心进行放样，其凿洞直径应较套管设计尺寸大 2~3cm，以便用环氧树脂砂浆埋设。凿洞工具可采用电动冲击钻，先以 8mm 直径的小钻头在洞位四周打一圈，然后再凿中间部的混凝土，这样可避免对洞壁四周混凝土的损坏。冲击钻在操作时，不能猛钻，应边钻边拉动钻头，清除散粒以免损坏冲击钻。板梁的锚固点一般设在梁体端部上方，工字梁设在梁端并加设钢支座
2	材料准备	套管、垫圈、销轴应根据设计要求进行精加工；斜向受拉槽钢应根据设计图要求，对各个部件下料，然后焊接组装，焊接前应选择一平坦地面或钢板进行放样组装，经核对无误后才能施焊；当采用精轧螺纹高强钢筋作为预应力筋时，钢筋必须采用砂轮切割机进行截断下料并将割口毛边用挫刀挫圆，连接器和螺帽应严格按设计要求的材料尺寸和工艺制作
3	安装预应力筋及其他部件	插入锚固销后，将槽钢另一端用绳子拉起或用支架撑住。穿入预应力钢筋并旋上垫圈、螺帽。当采用聚乙烯套管压浆防护时，需将聚乙烯管事先套在预应力钢筋上，然后用人工将螺帽旋紧至压住横隔板下承托，以减少机械张拉的行程
4	张拉	张拉前应将油泵接电，拉伸机就位。由于张拉工作在桥下空中操作，必须事先搭好操作脚手架，如在船上搭设，需注意将船只定位固定。油泵油管要有足够的长度。张拉拉伸机应事先在试验机上标定油压表与拉力的关系，以便准确控制拉力；在张拉前须仔细检查槽钢下端箱体上的钢板的孔壁是否与钢筋相碰，检查无误后即开始张拉，张拉到规定设计拉力后即将螺帽旋紧；张拉程序宜从两侧边梁开始，然后向中间顺序进行，张拉好一根梁后，再依次进行第二根，一直到全部钢筋张拉完成为止

序号	步 骤	施工要点说明
5	材料防护	预应力钢筋及其他一切外露钢材,应用钢丝刷除锈,涂二遍防锈漆。待预应力钢筋的油漆干燥后,涂热沥青二遍,并用浸透沥青的粗麻袋条沿钢筋缠绕一遍,并用细铁丝固定,如此重复二次,形成三麻四油的防护保护层,然后再用聚苯乙烯的平圆保温大套用细铁丝固定再缠绕一层麻袋布,形成防护保温层
6	设防撞标志	在船运繁忙和桥下净空较小的河道,宜在桥梁边梁外侧的腹板上用红漆标写"严禁碰撞"等安全标志

体外预应力加固施工安全技术要求 表 3-11

1. 施工期间必须在桥梁附近的航道上设置醒目的安全标志,以免往来船只触及张拉脚手架发生事故,张拉工程完成后应设置长期的红漆标志,禁止往来船只碰撞和用竹杆钩攀体外预应力钢筋,以免折断钢筋。

2. 张拉机具应由专人使用和保管,并经常维护,定期检查。进行张拉作业时,应注意使千斤顶的张拉力作用与预应力钢筋的轴线重合一致。张拉钢筋时,为保证施工安全,千斤顶后一律禁止站人。预应力钢筋在受力张拉时,梁中受力钢筋周围一律禁止站人。

3. 采用电热张拉时,梁两端必须设置安全防护措施,操作人员必须穿胶鞋,戴绝缘手套,操作时应站在梁的两侧面

第四章 装配式简支空心板梁桥体外横向预应力加固机理与结构验算

对于高速公路装配式简支空心板梁桥所产生的病害来说，较常使用的是桥面补强层加固法和改变结构受力体系加固法。根据病害桥梁所处京珠高速交通的重要性及病害状况，采用了两种加固方法结合的方案。

一、空心板间企口缝混凝土完好状况时的结构验算分析

1. 概述

空心板间企口缝混凝土完好状况时的结构验算分析采用的计算依据为：正交 20m 跨装配式简支板桥通用设计图，没有考虑结构当前的病害；活荷载的横向分布系数按铰接板法计算；分析验算符合现行《公路钢筋混凝土及预应力混凝土桥涵设计规范》(JTJ 023—85)的规定。

恒载包括桥面 8cm 混凝土和 4cm 沥青铺装：0.08×25＋0.04×23＝2.92kN/m。活荷载等级为汽车—超 20 级、挂车—120。

验算分析采用了《桥梁博士（2.8）》结构分析软件。

2．荷载横向分布系数及荷载冲击系数计算

（1）跨中荷载横向分布系数计算结果表

铰缝完好的跨中活荷载横向分布系数　　　　表 4-1

板号	1、12	2、11	3、10	4、9	5、8	6、7
汽车	0.224	0.223	0.219	0.214	0.200	0.186
挂车	0.120	0.123	0.122	0.115	0.107	0.104

（2）支点截面荷载横向分布计算结果表

铰缝完好的支点处活荷载横向分布系数　　　　表 4-2

荷 载 种 类	横向分布系数
汽车—超 20 级	0.5
挂车—120	0.284

（3）冲击系数计算

汽车荷载：$(1+\mu)=1+0.3×(45-19.5)/(45-5)=1.1913$

其他荷载不计冲击力。

3．结构内力验算分析

根据桥梁的活荷载等级、结构特性，用《桥梁博士（2.8）》结构分析软件计算的单块空心板最大的弯矩及剪力值列于表4-3、表4-4中。

单块空心板最大的弯矩值（kN·m） 表4-3

	恒载	汽车	挂车	汽车组合	挂车组合	极限强度
1/4 跨	443	337	402	1030	993	1420
最大弯矩	624	419	534	1370	1330	1420

单块空心板最大的剪力值（kN） 表4-4

	恒载	汽车	挂车	汽车组合	挂车组合
1/4 跨	68.9	74.8	88.5	187	184
最大剪力	128	174	194	397	374

4. 结论与建议

空心板间企口缝混凝土完好、无损坏的装配式板桥，其承载能力满足其设计荷载等级要求，满足结构承载能力的要求。

二、空心板间企口缝混凝土完全损坏时的结构验算分析

空心板间企口缝混凝土完全损坏后，装配式简支板梁桥空心板完全失去横向连接能力，行车荷载在横向不能有效传递，空心板处于单板受力状态。

1. 概述

空心板间企口缝混凝土状况完好时的结构验算分

析采用的计算依据为：正交 20m 跨装配式简支板桥通用设计图，不考虑空心板的横向连接；不计活荷载的横向分布，按单板受力计算；分析验算符合现行《公路钢筋混凝土及预应力混凝土桥涵设计规范》（JTJ 023—85）的规定。

恒载包括桥面 8cm 混凝土和 4cm 沥青铺装：$0.08 \times 25 + 0.04 \times 23 = 2.92 \text{kN/m}$。活荷载等级为汽车—超 20 级、挂车—120。

验算分析采用了《桥梁博士（2.8）》结构分析软件。

2. 荷载横向分布系数及荷载冲击系数计算

（1）装配式简支板桥空心板完全单板受力时，直接承受行车荷载的空心板，不能有效横向传递行车荷载，行车荷载完全由轮载直接作用的空心板承担。

因此，其跨中荷载横向分布系数和支点截面荷载横向分布系数一致，其值列于表 4-5 中。

铰缝损坏后活荷载横向分布系数　　表 4-5

荷 载 种 类	横向分布系数
汽车—超 20 级	0.5
挂车—120	0.25

（2）冲击系数计算

汽车荷载：$(1+\mu) = 1 + 0.3 \times (45-19.5)/(45-5) = 1.1913$

其他荷载不计冲击力。

3. 结构内力验算分析

根据桥梁的活荷载等级、结构特性，用《桥梁博士(2.8)》结构分析软件计算的单块空心板最大的弯矩及剪力值列于表4-6、表4-7中。

单块空心板最大的弯矩值(kN·m)　　表4-6

	恒载	汽车	挂车	汽车组合	挂车组合	极限强度
1/4跨	443	753	816	1590	1470	1420
最大弯矩	624	939	1090	2050	2060	1420

单块空心板最大的剪力值(kN)　　表4-7

	恒载	汽车	挂车	汽车组合	挂车组合
1/4跨	68.9	165	177	314	286
最大剪力	128	236	245	485	435

上述分析结果表明，空心板间企口缝混凝土完全损坏的装配式板桥，其承载能力达不到原设计荷载等级的要求。受损害的桥梁不能满足使用的要求，不能保证原设计荷载等级交通的通行安全和结构安全。

三、施加横向预应力加固分析比较

加强桥面铺装，通过对装配式板桥上部结构施加横向预应力，对板间企口缝混凝土施加预压力，可以从根本上防止板间企口缝下缘混凝土的开裂、脱落，以及由此而引起的企口缝混凝土铰结构损坏和相关的系列病害；同时，该维修加固措施，增加了板桥上部结构的横向联结能力，使空心板板间不仅传递剪力，同时传递弯矩。变原来空心板板间的铰接构造为刚接构造，改善行车荷载的横向分布能力，空心板间更有效地传递行车荷载作用，从而适当提高板桥的承载能力。

1. 概述

空心板施加横向体外预应力索后的结构验算分析采用的计算依据为：正交 20m 跨装配式简支板桥通用设计图；活荷载的横向分布系数按刚接板法计算；分析验算符合现行《桥规》的规定。

活荷载等级为汽车—超 20 级、挂车—120。恒载包括桥面 10cm 混凝土铺装、7cm 沥青铺装。$0.10 \times 25 + 0.07 \times 23 = 4.11 kN/m$，比桥面铺装加厚前多 1.19kN/m。恒载跨中弯矩增加 56.6kN·m（原恒载跨中弯矩为 624kN·m）。

验算分析采用了《桥梁博士(2.8)》结构分析软件。

2. 刚接空心板荷载横向分布系数与铰接板的比较

按刚接板计算的跨中荷载横向分布系数结果及其与对应的铰接板横向分布系数对比计算结果列于表 4-8 中，相应的对比图见图 4-1、图 4-2。

刚接板与铰接板的活荷载横向分布系数结果对比　表 4-8

梁号	汽车			挂车		
	刚接板	铰接板	刚接/铰接	刚接板	铰接板	刚接/铰接
1、12	0.229	0.224	1.022	0.122	0.12	1.017
2、11	0.218	0.223	0.978	0.115	0.123	0.935
3、10	0.206	0.219	0.941	0.108	0.122	0.885
4、9	0.195	0.214	0.911	0.101	0.115	0.878
5、8	0.184	0.200	0.920	0.094	0.107	0.879
6、7	0.172	0.186	0.925	0.087	0.104	0.837

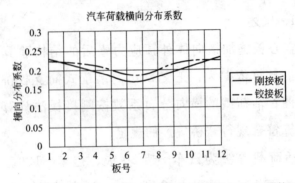

图 4-1　汽车荷载作用下刚接与铰接状况的横向分布系数对比

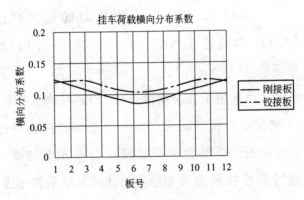

图 4-2　挂车荷载作用下刚接与铰接状况的横向分布系数对比

74

除边板外，空心板刚接模式下汽车荷载的横向分布系数为铰接模式的 0.925～0.978；空心板刚接模式下挂车荷载的横向分布系数为铰接模式的 0.837～0.935。在相同活荷载作用下，刚接模式的空心板的横向分布系数是小于铰接模式的，即在刚接模式下单块空心板承担的活荷载更为均匀，亦即车轮直接作用下的空心板分得的活荷载更小，因此相同的空心板结构就可以承担更大的活荷载作用，空心板桥的承载能力就得到提高。这种空心板桥承载能力的提高尤其在中央板块更为显著（当重车沿桥面中央行驶时，桥梁结构能承担更大的荷载等级）。

四、横向体外预应力索配置校核

1. 计算原理

在按刚接梁法进行的荷载横向分布计算中，列出了以相邻主梁之间桥面板跨中的竖向剪力 g_i 和弯矩 m_k 为赘余力的力法方程。方程中的 g_i、$x_k = \dfrac{2}{b_i} m_k$ 和荷载 1 都是沿桥跨为正弦曲线 $\sin \dfrac{\pi x}{l}$ 分布的峰值。利用 g_i 可求出主梁的荷载横向分布影响线。而 x_k 直接就代表桥面板跨中弯矩 m_k 沿桥宽的影响线竖坐标，

仅需乘以 $\frac{1}{2}b_1$。在《公路桥涵计算手册》刚接梁法计算用表中给出了刚接梁法横向弯矩影响线($M_{\bar{\eta}}$)表，其中六梁式的表值可用于多于六片梁的横截面，表中的 $\bar{\eta}_k$ 值实际上即是 x_k。

依据弯矩影响线，可按常规方法加载求横梁中的最大弯矩：

$$\widetilde{M}_{c(x)}=\frac{1}{2}b_1 \cdot p_s \cdot (\eta_1+\eta_2+\cdots)\sin\frac{\pi x}{l}=\widetilde{M}_c \cdot \sin\frac{\pi x}{l} \quad (4\text{-}1)$$

式中：η_i——横梁弯矩影响线坐标值；

p_s——荷载系数；也即将不同性质的实际荷载折算为正弦荷载后的荷载峰值，计算方法见表 4-9。

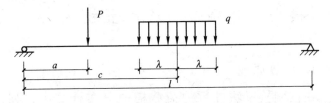

图 4-3　实际荷载形式图

<table>
<tr><td colspan="4" align="center">荷 载 系 数 表</td><td>表 4-9</td></tr>
</table>

	实际荷载形式	荷载系数
1	集中荷载 P（离支点距离 a）	$p_s=\dfrac{2p}{l}\sin\dfrac{\pi a}{l}$
2	局部均布荷载 q（重心距支点 c，范围长度为 2λ）	$p_s=\dfrac{4q}{\pi}\sin\dfrac{\pi c}{l}\sin\dfrac{\pi\lambda}{l}$
3	全跨均布荷载 q	$p_s=\dfrac{4q}{\pi}$

对于中横隔梁,在求刚接梁的力法方程时,曾把中横梁化成等刚度的桥面板。现在,把桥面板弯矩 $\widetilde{M}_k$ 从横隔梁间距 l_a 中到中的积分作为中横隔梁的弯矩 M_k,其中以中间横隔梁的为最大:

全跨一片中横隔梁时:

$$M_k = \widetilde{M}_k \int_{\frac{l}{4}}^{\frac{3}{4}l} \sin \frac{\pi x}{l} dx = 0.450 l \widetilde{M}_k$$

三片中横隔梁时:

$$M_k = \widetilde{M}_k \int_{\frac{3}{8}l}^{\frac{5}{8}l} \sin \frac{\pi x}{l} dx = 0.244 l \widetilde{M}_k$$

更多片中横隔梁时:$M_k = l_a \widetilde{M}_k$

其中 $\widetilde{M}_k$ 表示桥面板弯矩在桥孔中央的峰值,如式(4-1)中的 $\widetilde{M}_c$。

2. 空心板结构参数

抗弯惯矩　　$I = 0.2777 \text{m}^4$;

抗扭惯矩　　$I_T = 0.4278 \text{m}^4$。

扭转位移与主梁挠度之比:

$$\gamma = 5.8 \frac{I}{I_T} \left(\frac{b_1}{l}\right)^2 = 5.8 \times \frac{0.2777}{0.4278} \times \left(\frac{1.0}{19.5}\right)^2 = 0.01$$

由于空心板没有悬臂板,所以悬臂板挠度与主梁挠度之比:$\beta = 0$

空心板的计算跨径 $l = 19.5 \text{m}$。

3. 横截面上跨中点的横向弯矩影响线坐标值 $\overline{\eta}_c$ 及

桥面板弯矩 $\widetilde{M}_k$

该类型的桥梁横向由 12 块预应力钢筋混凝土空心板组成，横截面上跨中点的横向弯矩采用 6 块板的模型（六梁式横截面模型）进行相关的计算。

1) 由 $\beta=0$，$\gamma=0.01$ 查《公路桥涵计算手册》，六梁式横截面上跨中点的横向弯矩影响线坐标值 $\overline{\eta}_c$ 如下：

六梁式横截面上跨中点的横向弯矩影响线坐标值 $\overline{\eta}_c$ 表 4-10

荷载位置	1	2	3	C	4	5	6
$\overline{\eta}_c$	-1.0	0	1.0	1.5	1.0	0	-1.0

影响线坐标值 $\overline{\eta}_c$ 见图 4-4。

2) 标准汽车、挂车荷载在桥宽（横向）方向上对横梁跨中弯矩的影响系数

桥梁设计标准荷载汽车—超 20 级、挂车—120 在桥宽（横向）方向上对横梁跨中的最不利布置见图 4-4。

汽车荷载对横梁跨中弯矩的影响系数：$\eta_{汽}=\eta_1+\eta_2=0.6+0.6=1.2$。

挂车荷载对横梁跨中弯矩的影响系数：
$\eta_{挂}=\eta_1+\eta_2+\eta_3+\eta_4=0.15+1.05+1.05+0.15=2.40$。

3) 标准汽车、挂车荷载在桥跨（纵向）方向上对横梁跨中弯矩的荷载系数

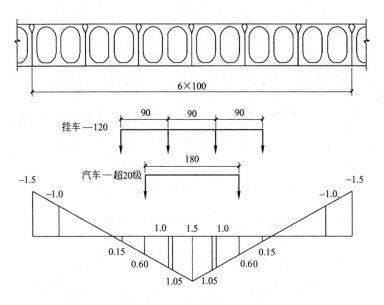

图 4-4 横截面上跨中点的横向弯矩影响线坐标值 $\overline{\eta}_\mathrm{c}$
及汽车、挂车荷载在桥宽（横向）方向上对横
梁跨中弯矩的最不利布置

根据荷载系数表 8，经优化后的汽车—超 20 级、
挂车—120 标准荷载在桥跨（纵向）方向上对横梁跨中
的最不利布置见图 4-5。

汽车荷载对横梁跨中弯矩的荷载系数：

$$p_{汽} = \frac{2}{19.5} \times \left\{ 15 \times \sin\left(\frac{1.9 \times \pi}{19.5}\right) + 60 \times \sin\left(\frac{4.9 \times \pi}{19.5}\right) \right.$$

$$+ 60 \times \sin\left(\frac{6.3 \times \pi}{19.5}\right) + 70 \times \sin\left(\frac{13.3 \times \pi}{19.5}\right)$$

$$\left. + 70 \times \sin\left(\frac{14.7 \times \pi}{19.5}\right) \right\} = 21.11\mathrm{kN \cdot m}$$

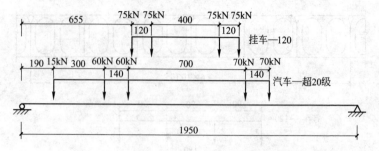

图 4-5 标准汽车、挂车荷载在桥跨（纵向）
方向上对横梁跨中弯矩的最不利布置

挂车荷载对横梁跨中弯矩的荷载系数：

$$p_{汽} = \frac{2}{19.5} \times \left\{ 75 \times \sin\left(\frac{6.55 \times \pi}{19.5}\right) + 75 \right.$$

$$\times \sin\left(\frac{7.75 \times \pi}{19.5}\right) + 75 \times \sin\left(\frac{11.75 \times \pi}{19.5}\right)$$

$$\left. + 75 \times \sin\left(\frac{12.95 \times \pi}{19.5}\right) \right\} = 27.977 \text{kN} \cdot \text{m}$$

4）桥面板弯矩 $\widetilde{M}_k$

对于汽车—超 20 级荷载桥面板弯矩在桥孔中央的
峰值 $\widetilde{M}_k$：

$$\widetilde{M}_{k汽} = \frac{1}{2} b_1 p_{汽} \eta_{汽} = 0.5 \times 21.111 \times 1.2 = 12.667 \text{kN}$$

对于挂车—120 荷载桥面板弯矩在桥孔中央的峰
值 $\widetilde{M}_k$：

$$\widetilde{M}_{k挂} = \frac{1}{2} b_1 p_{挂} \eta_{挂} = 0.5 \times 27.977 \times 2.4 = 33.572 \text{kN}$$

4. 横向预应力钢绞线处的跨中（横向）弯矩作用下

80

的应力计算

1）横向预应力纵向位置（见图 4-6）

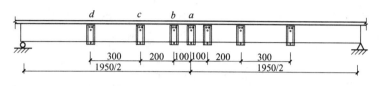

图 4-6　横向预应力位置示意图

2）各预应力钢绞线处的正弯矩计算

桥梁纵向跨中处钢绞线 a、b 位置三根钢绞线共同承担的正弯矩：

$$M_{\text{k汽}} = \widetilde{M}_{\text{k汽}} \int_{11.75}^{7.75} \sin \frac{\pi x}{19.5} \mathrm{d}x$$

$$= 12.667 \times \int_{11.75}^{7.75} \sin \frac{\pi x}{19.5} \mathrm{d}x$$

$$= 49.796 \text{kN} \cdot \text{m}$$

$$M_{\text{k挂}} = \widetilde{M}_{\text{k挂}} \int_{11.75}^{7.75} \sin \frac{\pi x}{19.5} \mathrm{d}x$$

$$= 33.572 \times \int_{11.75}^{7.75} \sin \frac{\pi x}{19.5} \mathrm{d}x$$

$$= 131.976 \text{kN} \cdot \text{m}$$

钢绞线 a 位置单根钢绞线承担的正弯矩：

$$M_{\text{k汽}} = \widetilde{M}_{\text{k汽}} \int_{10.25}^{9.25} \sin \frac{\pi x}{19.5} \mathrm{d}x$$

$$= 12.667 \times \int_{10.25}^{9.25} \sin \frac{\pi x}{19.5} \mathrm{d}x$$

$$=12.653 \text{kN} \cdot \text{m}$$

$$M_{\text{k挂}} = \widetilde{M}_{\text{k挂}} \int_{10.25}^{9.25} \sin \frac{\pi x}{19.5} \text{d}x$$

$$=33.572 \times \int_{10.25}^{9.25} \sin \frac{\pi x}{19.5} \text{d}x$$

$$=33.536 \text{kN} \cdot \text{m}$$

钢绞线 b 位置单根钢绞线承担的正弯矩：

$$M_{\text{k汽}} = \widetilde{M}_{\text{k汽}} \int_{9.25}^{7.75} \sin \frac{\pi x}{19.5} \text{d}x$$

$$=12.667 \times \int_{9.25}^{7.75} \sin \frac{\pi x}{19.5} \text{d}x$$

$$=18.571 \text{kN} \cdot \text{m}$$

$$M_{\text{k挂}} = \widetilde{M}_{\text{k挂}} \int_{9.25}^{7.75} \sin \frac{\pi x}{19.5} \text{d}x$$

$$=33.572 \times \int_{9.25}^{7.75} \sin \frac{\pi x}{19.5} \text{d}x$$

$$=49.220 \text{kN} \cdot \text{m}$$

钢绞线 c 位置单根钢绞线承担的正弯矩：

$$M_{\text{k汽}} = \widetilde{M}_{\text{k汽}} \int_{7.75}^{5.25} \sin \frac{\pi x}{19.5} \text{d}x$$

$$=12.667 \times \int_{7.75}^{5.25} \sin \frac{\pi x}{19.5} \text{d}x$$

$$=27.240 \text{kN} \cdot \text{m}$$

$$M_{\text{k挂}} = \widetilde{M}_{\text{k挂}} \int_{7.75}^{5.25} \sin \frac{\pi x}{19.5} \text{d}x$$

$$= 33.572 \times \int_{7.75}^{5.25} \sin\frac{\pi x}{19.5} \mathrm{d}x$$

$$= 72.195 \mathrm{kN \cdot m}$$

钢绞线 d 位置单根钢绞线承担的正弯矩：

$$M_{k汽} = \widetilde{M}_{k汽} \int_{5.25}^{1.875} \sin\frac{\pi x}{19.5} \mathrm{d}x$$

$$= 12.667 \times \int_{5.25}^{1.875} \sin\frac{\pi x}{19.5} \mathrm{d}x$$

$$= 22.927 \mathrm{kN \cdot m}$$

$$M_{k汽} = \widetilde{M}_{k汽} \int_{5.25}^{1.875} \sin\frac{\pi x}{19.5} \mathrm{d}x$$

$$= 33.572 \times \int_{5.25}^{1.875} \sin\frac{\pi x}{19.5} \mathrm{d}x$$

$$= 60.764 \mathrm{kN \cdot m}$$

5. 空心板纵截面正应力校核

横向预应力钢绞线（体外索）为国产 $\phi 15.24$ 高强低松弛钢绞线，标准强度为 1860MPa，每处（道）体外索为一根钢绞线，其张拉控制力为 169.3kN，张拉控制应力为 $\sigma_k = 1215$MPa。

根据加固工艺，预应力钢绞线的预应力损失只考虑钢筋回缩、锚具变形及垫板压密和预应力钢绞线应力松弛引起的预应力损失 σ_{s2} 和 σ_{s5}。

钢筋回缩、锚具变形及垫板压密引起的预应力损失 σ_{s2}：

$$\sigma_{s2} = \frac{\Delta l}{l} E_y = \frac{0.003}{19.5} \times 1.9 \times 10^5 = 29.22 \text{MPa}$$

预应力钢绞线应力松弛引起的预应力损失 σ_{s5}：

$$\sigma_{s5} = 0.045\sigma_k = 0.045 \times 1215 = 54.7 \text{MPa}$$

扣除预应力损失后，预应力钢绞线的预张力为 157.6kN。

各钢绞线位置处纵截面正应力的校核，取相邻钢绞线中到中的距离作为该处的截面宽度，上翼缘厚度为空心板顶板和桥面铺装层厚度的总和，下翼缘厚度为空心板底板厚度，详细结构尺寸见各位置的截面等效图。

汽车荷载的冲击系数 $1+\mu=1.191$。恒载对横梁产生内力影响很小，所以不考虑恒载的内力组合。汽车荷载的安全系数取为 1.4，不再考虑提高系数；挂车荷载的安全系数取为 1.1，提高系数为 1.03。

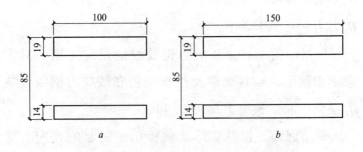

图 4-7　单根钢绞线 a、b 位置处截面等效图

1）单根钢绞线 a 位置处

截面的抗弯惯性矩：$I=0.0386m^4$

上缘距中性轴高度为：$h_1=0.386m$

下缘距中性轴高度为：$h_2=0.464m$

标准汽车荷载产生的正应力：

上翼缘压应力：$\sigma_{上}=0.211MPa$

下翼缘拉应力：$\sigma_{下}=-0.254MPa$

标准挂车荷载产生的正应力：

上翼缘压应力：$\sigma_{上}=0.380MPa$

下翼缘拉应力：$\sigma_{下}=-0.457MPa$

预应力产生的正应力：

上翼缘拉应力：$\sigma_{上}=-0.731MPa$

下翼缘压应力：$\sigma_{下}=0.879MPa$

2）单根钢绞线 b 位置处

截面的抗弯惯性矩：$I=0.0579m^4$

上缘距中性轴高度为：$h_1=0.386m$

下缘距中性轴高度为：$h_2=0.464m$

标准汽车荷载产生的正应力：

上翼缘压应力：$\sigma_{上}=0.206MPa$

下翼缘拉应力：$\sigma_{下}=-0.248MPa$

标准挂车荷载产生的正应力：

上翼缘压应力：$\sigma_{上}=0.372MPa$

下翼缘拉应力：$\sigma_\text{下} = -0.447\text{MPa}$

预应力产生的正应力：

上翼缘拉应力：$\sigma_\text{上} = -0.488\text{MPa}$

下翼缘压应力：$\sigma_\text{下} = 0.586\text{MPa}$

3）单根钢绞线 c 位置处

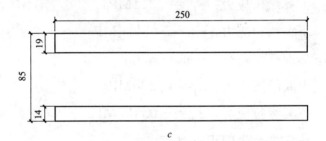

图 4-8　单根钢绞线 c 位置处截面等效图

截面的抗弯惯性矩：$I = 0.0966\text{m}^4$

上缘距中性轴高度为：$h_1 = 0.386\text{m}$

下缘距中性轴高度为：$h_2 = 0.464\text{m}$

标准汽车荷载产生的正应力：

上翼缘压应力：$\sigma_\text{上} = 0.181\text{MPa}$

下翼缘拉应力：$\sigma_\text{下} = -0.218\text{MPa}$

标准挂车荷载产生的正应力：

上翼缘压应力：$\sigma_\text{上} = 0.327\text{MPa}$

下翼缘拉应力：$\sigma_\text{下} = -0.393\text{MPa}$

预应力产生的正应力：

上翼缘拉应力：$\sigma_上 = -0.292\text{MPa}$

下翼缘压应力：$\sigma_下 = 0.351\text{MPa}$

4）单根钢绞线 d 位置处

图 4-9　单根钢绞线 d 位置处截面等效图

截面的抗弯惯性矩：$I = 0.1545\text{m}^4$

上缘距中性轴高度为：$h_1 = 0.386\text{m}$

下缘距中性轴高度为：$h_2 = 0.464\text{m}$

标准汽车荷载产生的正应力：

上翼缘压应力：$\sigma_上 = 0.096\text{MPa}$

下翼缘拉应力：$\sigma_下 = -0.115\text{MPa}$

标准挂车荷载产生的正应力：

上翼缘压应力：$\sigma_上 = 0.172\text{MPa}$

下翼缘拉应力：$\sigma_下 = -0.207\text{MPa}$

预应力产生的正应力：

上翼缘拉应力：$\sigma_上 = -0.183\text{MPa}$

下翼缘压应力：$\sigma_下 = 0.220\text{MPa}$

5）横向预应力钢绞线处的跨中（横向）弯矩作用下的应力计算汇总

各位置处，汽车荷载、挂车荷载、预应力作用下截面的正应力计算汇总见表 4-11。

横向预应力钢绞线处的跨中（横向）弯矩作用下的应力计算值（MPa）　　　　表 4-11

		a 处	b 处	c 处	d 处
汽车荷载作用	截面上缘	0.211	0.206	0.181	0.096
	截面下缘	−0.254	−0.248	−0.218	−0.115
挂车荷载作用	截面上缘	0.380	0.372	0.327	0.172
	截面下缘	−0.457	−0.447	−0.393	−0.207
预应力作用	截面上缘	−0.731	−0.488	−0.292	−0.183
	截面下缘	0.879	0.586	0.351	0.220

从表中可以看出，除 c 处挂车荷载作用产生的应力略大于预应力产生的应力外，其余各处，汽车、挂车荷载作用产生的应力均小于预应力产生的应力，截面下缘处于压应力状态，同时各种作用产生的拉、压应力均小于混凝土的容许拉压应力。

6．空心板接缝处的剪力

刚接板模型空心板间的剪力小于原铰接板模型的剪力，而该加固方法更加强了空心板间的整体性能，因此该加固方法可满足空心板间剪力的要求。

五、横向体外预应力作用下局部结构的验算

1. 锚钉抗拔力计算

为了避免锚钉由于受力不均匀而导致某个锚钉受力过大，要求远端的两个锚钉每个的抗拔力均能抵抗体外索的拉力，即

F(抗拔力)$\times 0.113$(力臂)$\geqslant$

169.3(张拉力)$\times 0.03$(力臂)

$F \geqslant 44.9 \text{kN}$

要求每个锚钉的抗拔力均大于 44.9kN，选用 20mm 直径的锚钉。

2. 混凝土局部承压

按照国家建筑规范(GBJ 10—89)对锚下结构进行混凝土局部承压计算。

1) 施工阶段局部受压承载力验算：

$$\sigma_{cc} = \sigma_{con} A_p / A_n$$

$$= 2 \times 169300 / (50 \times 220) = 15.4 \text{MPa}$$

A_n——只考虑锚钉以下的槽钢衬板承压面积，安全起见，只取 50mm 的承压高度，承压宽度同衬板宽，下同。

而 $1.2 f_c' = 1.2 \times 19.5 = 22.8 \text{MPa}$

所以 $\sigma_{cc} \leqslant 1.2 f'_c$

即施工阶段强度满足要求。

2）使用阶段局部受压承载力验算

$$F_l = 1.2 \sigma_{con} A_p = 1.2 \times 2 \times 169300$$

$$= 406320N$$

$$(\beta f_c + 2\rho_v \beta_{cor} f_y) A_{ln} = 1.206 \times 19.5 \times (100 \times 220)$$

$$= 517374N$$

所以 $F_l \leqslant (\beta f_c + 2\rho_v \beta_{cor} f_y) A_{ln}$

即局部受压承载力满足要求。

式中　　F_l——局部压力设计值，后张法取 1.2 倍张拉
　　　　　　控制力，即 $F_l = 1.2 \sigma_{con} A_p$；

　　　　β——局部承压强度提高系数，$\beta = \sqrt{A_b/A_l} =$

$$\sqrt{\frac{(220+2\times50)\times50}{220\times50}} = 1.206；$$

　　　　A_b——局部受压计算底面积，可按照"同心、
　　　　　　对称、有效面积"的原则进行计算；

　　　　A_l——局部承压面积，只考虑锚钉以下的槽钢
　　　　　　衬板承压面积；

$2\rho_v \beta_{cor} f_y$——安全起见，不考虑这几项对混凝土承压
　　　　　　的提高作用；

　　　　A_{ln}——混凝土局部受压净面积，只考虑锚钉以
　　　　　　下的槽钢衬板承压面积。

3. 板抗倾覆验算

预应力造成的倾覆力矩：

$$M_y = 169300 \times 0.03 = 5079 \text{N} \cdot \text{m}$$

边板重形成的抗倾覆力矩：

$$M_g = 202000 \times (0.99/2) = 99990 \text{N} \cdot \text{m}$$

M_g 大于 M_y，边板不会倾覆。

第五章 简支空心板梁桥加固改造施工工艺与质量控制技术

一、简支空心板梁桥加固改造施工工艺与质量控制概述

1. 简支空心板梁桥加固改造施工工艺概况

由于早期简支空心板梁桥铰接结构构造与桥面混凝土铺装层结构设计，以及施工粗糙等原始缺陷，已通车的高速公路简支空心板梁桥，在当前交通量，尤其是超限车辆近年来迅猛增加的作用下，较为普遍地存在桥面铺装（包括沥青面层与混凝土层）破坏、空心板企口缝构造破坏，最后导致简支空心板梁桥完全失去横向整体联结能力，造成空心板单板受力，严重降低了高速公路装配式板桥的结构承载能力，危及到了桥梁的结构安全，形成了严重的交通安全隐患。

根据高速公路简支空心板梁桥破坏的特征与对其损坏机理的分析，体外横向预应力加固法提出通过施加横向体外预应力钢筋、改造桥面混凝土铺装层及空

心板间企口缝结构构造，变原来装配式空心板横向间的铰接联结构造为刚接结构构造，改善活载（行车荷载）的横向分布状况（与原横向间的铰接构造相比），使活载可以更多地传递到相邻的空心板上，从而不仅可以恢复病害桥梁的原结构承载能力，而且可以提高简支空心板梁桥的行车荷载承载能力。

体外横向预应力加固法提出的简支空心板梁桥加固改造的施工工艺主要包括：拆除原桥面铺装（包括沥青面层与混凝土铺装层）、清理原空心板间混凝土灌缝；空心板间灌注高强无收缩灌缝材料、施加横向预应力钢筋、桥面新混凝土铺装层施工、桥面沥青铺装层施工。

本章结合项目研究所依托的工程实例——京珠高速郑州至漯河段六座病害简支空心板梁桥加固改造的施工，对简支空心板梁桥加固改造施工工艺与质量控制进行了详细的分析、研究与总结。

2. 工程实例——郑漯路六座病害桥梁改造施工概况

京珠高速郑州至漯河段于 1998 年底全线开通，该路段部分简支空心板梁桥存在桥面铺装损坏、空心板企口缝损坏、空心板间灌缝混凝土脱落，严重的桥梁行车道汽车轮迹线附近的空心板块间失去横向联结，甚至出现完全的空心板单板受力现象，危及了桥梁的结构安全。通过对该路段同类型桥梁结构状况的普查，该条高速公路的业主单位决定先期对其中结构病害较为严重的六座简支空心板梁桥进行加固改造，该六座桥梁状况列于表 5-1 中。

京珠高速郑州至漯河段六座加固改造桥梁概况 表 5-1

桥梁名称及序号	桩　　号	结构形式	桥梁类型	跨径	孔数
1. 谢庄立交桥	K14＋596	简支空心板梁桥	分离式立交	20m	2 孔
2. 金鱼河中桥	K57＋862	简支空心板梁桥	中桥	20m	3 孔
3. 双洎河大桥	K53＋707.56	简支空心板梁桥	大桥	20m	10 孔
4. 湾店分离式立交桥	K73＋424.04	简支空心板梁桥	中桥	20m	3 孔
5. 清异河大桥	K88＋417.56	简支空心板梁桥	大桥	20m	10 孔
6. 许淮铁路大桥	K85＋337	简支空心板梁桥	分离式立交	20m	6 孔

该六座加固改造的简支空心板梁桥跨径均为20m，单向双幅四车道，每幅标准宽度为12m，单幅标准桥梁结构正断面如图 5-1 所示，标准空心板结构构造和空心板间铰接缝结构构造如图 5-2 所示。桥梁原设计荷载等级为汽车—超 20，挂车—120。加固改造的桥梁共 34 孔，桥面面积约 $16320m^2$。

该六座桥梁的加固改造施工于 2003 年 3 月底同时

94

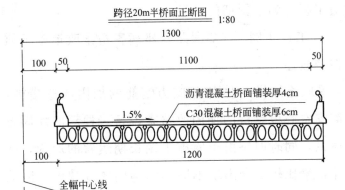

图 5-1 高速公路标准简支空心板梁桥结构正断面示意图

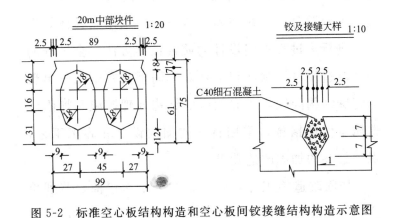

图 5-2 标准空心板结构构造和空心板间铰接缝结构构造示意图

开工,采取了单幅交通封闭的施工组织方式,全部加固改造施工于 2003 年 5 月初基本结束,恢复交通。该六座桥梁的加固改造施工达到了保质、保量、快速的施工效果,运用施加横向预应力的方式加固改造高速公路简支空心板梁桥的技术措施获得成功,整个加固改造工程达到了预期的效果。

3. 工程实例——郑漯路六座病害桥梁改造施工质量控制概述

采取施加横向体外预应力钢筋的加固改造措施，对简支空心板梁桥的加固改造来说是一种新的加固方法体系，同时旧桥由于原施工及长期运营的原因，同新建桥梁比较，会出现不同的结构问题或缺陷，因此对于该路六座病害桥梁的改造施工除按一般施工质量控制外，针对加固改造施工中出现的桥梁结构问题，进行了专题分析；在加固改造设计中采用以具体处理措施进行全过程加固设计的质量控制方法。全过程的加固改造质量控制做到了针对不同桥梁在施工中出现的特殊结构问题，研究相应的结构处理措施和加固改造质量保证措施，采用特殊的加固设计和施工工艺，保证最终的加固改造效果。

加固改造施工中，建立、健全了承包商、监理单位、业主单位、加固设计单位的多方质量控制体系，除严格常规施工工艺质量控制外，还进行了原桥面铺装层(含沥青面层和混凝土铺装层)拆除、原空心板间灌缝混凝土清理、空心板间高强材料灌缝、桥面新钢筋混凝土层铺装、桥面新沥青面层铺装等特殊施工工艺的研究，制订相应的施工处理方案，全方位保证加固改造质量。

二、原桥面铺装层及企口缝混凝土拆除施工工艺与质量控制技术

1. 原简支空心板梁桥桥面铺装层及企口缝混凝土拆除施工概述

原简支空心板梁桥桥面铺装层及企口缝混凝土拆除施工是拆除、清理原病害桥梁的原有部分结构物，同时为下道工序形成结构工作面。原桥面拆除与空心板间企口缝混凝土拆除施工主要包括：原桥面沥青面层拆除、原桥面钢筋混凝土层拆除、原空心板间企口缝及板间灌缝细石混凝土拆除，以及原桥面拆除后结构物表面的清理。

该道工序施工的难点及关键点在于：原桥面钢筋混凝土层的拆除、空心板间灌缝细石混凝土的拆除以及整个原桥梁桥面结构拆除施工过程中，原预应力空心板结构（上顶面、侧面）的保护。原桥面钢筋混凝土铺装层与下面的预应力空心板结合在一起，如何高效地进行拆除施工，同时又不损伤下部空心板结构就成为了桥面拆除施工中要研究解决的一个难点。原空心板间灌缝细石混凝土宽度大的约 3cm，宽度小的小于

1cm，虽然部分板间灌缝混凝土由于原施工质量问题或长期行车荷载作用，已经脱落或开裂，但仍有大量灌缝混凝土仍处于密实、完好状态。此部分灌缝混凝土若不清理，将影响板间重新灌缝及桥梁的整体加固效果，但拆除的难度又非常大，现有的工具无法使用。因此空心板间灌缝细石混凝土的高效拆除与清理问题亦成为拆除施工中需要研究解决的难点问题。保护原预应力空心板结构免受拆除施工的损伤，主要是防止在拆除施工中，造成原空心板结构混凝土的破损与空洞。原桥面钢筋混凝土铺装层与空心板间灌缝细石混凝土的高效、快速拆除与保护原空心板结构安全之间的矛盾，是贯穿整个桥面拆除施工工程中的需要研究解决的重要问题，该问题解决的效果直接关系原桥面拆除工效与桥梁的结构安全。

在该六座病害桥梁加固改造原简支空心板梁桥桥面铺装层及企口缝混凝土拆除施工中，我们集思广益，根据该类桥型的结构特点，改造相关的施工工具、采取人工与机械相结合的方式，加强对施工人员的培训与现场施工的监督与管理，同时研究制订安全可靠、可行的预应力空心板损伤后的结构补强（弥补）方案，通过系列措施的应用，既加快了原桥面拆除的施工工效，又保证了原预应力空心板结构安全，为下道工序的施工创造了有利的条件。

2．原桥面沥青铺装层拆除

简支空心板梁桥的加固改造方案为全部拆除原桥面铺装部分，该六座病害桥梁原桥面铺装沥青层面积总共约 16320m²，由于桥面沥青层的多次养护加厚，部分桥梁桥面沥青层厚度达到 10cm 左右。

原桥面铺装沥青层的拆除方法比较简单，首先用风镐将沥青面层打至粉碎或松动，尔后用人工或配合铲车清理出桥面、运至路外堆放处即可。清除原桥面铺装沥青层的施工见图 5-3 所示。

图 5-3　原桥面铺装层沥青面层的拆除施工

桥面铺装层沥青面层拆除施工中，要注意保护原桥梁伸缩缝的结构构造，避免伸缩缝及其混凝土结构的损伤。

三、空心板间高强无收缩材料灌缝施工
工艺与质量控制技术

1. 空心板间高强无收缩灌缝料灌缝施工概述

原高速公路简支空心板梁桥出现单板受力等结构
病害的一个重要原因就是：原空心板间细石混凝土灌
缝不密实，甚至施工时就存在下部脱空现象。造成空
心板间细石混凝土灌缝施工缺陷除了施工方面自身的
原因外，还因为空心板间缝隙较小（个别缝间距小于
1cm），若细石混凝土粗骨料粒径较大，灌入不易，更
谈不上振捣了，因此很容易造成缝间混凝土不密实或
下部脱空。不密实或脱空的空心板间灌缝混凝土在长
期行车荷载的作用下，就会逐步压（挤）碎、脱空，直
至脱落，最后导致简支空心板梁桥出现单板受力的结
构病害。

鉴于装配式板桥空心板间灌缝混凝土的重要性及
其施工的状况，以及本研究项目所提方案的加固机理
（空心板间灌缝的密实程度与其强度是建立横向预应
力的前提），项目课题组经比较选用了 KL 系列灌浆
（缝）料进行空心板间隙的灌缝。KL 系列灌浆（缝）料
是由高强胶结材料、复合外加剂和特制细骨料配制而

成的一种专用灌浆材料。它具有大流动度（自流）、无收缩、早强、高强的技术特点。KL 系列灌浆（缝）料的技术指标列于表 5-2 中。

KL 系列灌浆（缝）料的技术指标 表 5-2

产 品 性 能 指 标	
试 验 项 目	指　　　标
流动度（S）	5～8
3d 膨胀率（%）	0～0.06
抗压强度（MPa）	≥15（1d）
	≥40（3d）

空心板间灌缝施工主要包括清缝、封闭、灌缝料调配、灌缝、养护等施工工序。清缝主要是空心板间缝的清理，桥面拆除中板间缝已经清理，这里主要指的是清理板间缝的油污和积水等，还包括灌浆前混凝土表面用水湿润，但不得有积水（可用抹布蘸干）。

2. 板间缝的封闭

空心板间缝的封闭主要是板间缝底面及空心板两端板间侧缝的封闭，由于灌浆（缝）材料为细骨料所配，且具有很大的流动性（自流），因此板间缝封闭的密实程度直接关系灌缝效果，任何较小的缝隙都会导致灌浆（缝）料的流失［几乎使该条板间缝灌浆（缝）料全部流失］，无法进行有效的灌注。

根据现场的施工实际情况和该工序的特点，采用以下方法进行板间缝的封闭处理：①对于板间缝的底面，采用吊板的方法，用铁丝（在空心板上面固定，穿过空心板缝）吊住板间缝底面的封闭模板，此方法可以省去在桥面下搭设脚手架，大大减少工作量。封闭模板宜采用较厚的夹合板（厚度至少大于 7mm）或采用实木板，因为较薄的封闭模板在灌浆（缝）料的浸润作用下，会很快变软而失去封闭作用，导致板间缝封闭失败。同时底面封闭模板上要粘贴一层薄海绵（厚度约为 1cm），用来更好地封闭底模板与空心板混凝土间的缝隙。用作吊底面封闭模板的铁丝可用短钢筋担在空心板上面，但要绑扎牢固。②空心板板端侧面缝容易封闭些，可采用与板间缝宽度接近的木板（侧面粘贴海绵）直接在空心板板端锲入板间缝。③灌缝施工过程中要密切注意灌浆（缝）料的流失情况，当发生流失时，应停止灌缝，检查封闭情况（主要是底模板的封闭）并重新调整模板或重新密封。

　　经采用以上空心板板间缝封闭处理方法，该六座病害桥梁板间缝灌缝施工基本顺利进行，实践证明该系列处理措施是可靠与可行的，且施工简便。

　　3. 灌缝料的调配、灌注与养护

　　所选用 KL 系列灌浆（缝）料的成品各成分已经按

比例配好，使用时只需加适量的水搅拌均匀即可。

灌浆料采用强制式砂浆搅拌机进行搅拌，搅拌机要事先用水清洗干净。搅拌机可位于桥面上（以方便搅拌后的灌浆料运输）就近设置。灌浆料搅拌用水量根据厂家说明书的要求使用，可结合施工实际做适当增减。由于灌浆料的早强特性，当搅拌好后，要及时灌注施工，防止灌浆料发生初凝现象；同时，每盘灌浆料搅拌并倒完后，要及时清理干净，再投入下一盘灌浆料。搅拌机处，要防止灌浆（缝）料外溢（撒），对于撒漏的灌浆（缝）料要及时清理出桥面。

搅拌好的灌浆（缝）料，可用提桶运输至空心板板间缝处，灌浆时从板间缝的一端灌入（以利于排出空气使灌浆密实），直接注（倒）入板间缝即可。为防止灌浆料外撒，可采用简易漏斗辅助灌注。灌注过程中不需振捣（灌浆料有很大的流动性，可以自密实），必要时可用细钢筋上下予以插捣，以利于灌浆料的流动，进行引流、捣固。同时灌注中，要注意灌浆料的流失情况。空心板间灌缝的高度，到空心板间企口缝下口平齐即可。空心板间缝灌注结束后，应及时清理空心板其他部位（包括板间企口缝侧壁）上附着的灌浆（缝）料。

空心板灌缝结束后，其表面凝固（夏季约 4h）后，要进行洒水养护。由于灌浆(缝)料的早强特性,常温下三天强度达到 80% 以后,即可开始下道工序施工。

板间缝灌注施工如图 5-4 所示。

图 5-4 空心板板间灌缝施工

四、横向体外预应力钢筋施工工艺与质量控制技术

1. 横向体外预应力钢筋施工概述

横向体外预应力钢筋的施工是简支空心板梁桥加固改造技术的核心与关键施工环节,直接关系到该加固方法体系的实际效果与成败。本研究项目的简支空心板梁桥横向体外预应力加固改造技术是:通过在简支空心板梁桥两侧两边板(块)侧壁混凝土中植入高强螺栓、安装预应力锚具衬板,对横向体外预应力索进行张拉,建立简支空心板梁桥的横向预应力体系,使

空心板间可以同时传递行车荷载作用产生的剪力与弯矩，变原来空心板间的铰接结构为刚接结构，从而提高简支空心板梁桥的行车荷载承载能力。

该六座病害桥梁的加固改造工程采用了 HVM 可换式体外索进行加固，体外索由一根 $\phi15.24$ 的无粘结钢绞线在外面加护套进行有效防护。具有结构简单、施工简便、性能可靠的优点和良好的防腐性能。

简支空心板梁桥的横向体外预应力体系如图 5-5 所示。

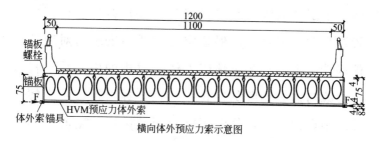

横向体外预应力索示意图

图 5-5　简支空心板梁桥横向体外预应力体系示意图

简支空心板梁桥横向预应力索施工的工序主要包括：预应力索定位、边板（块）侧面预应力锚具衬板安装、预应力筋穿索、预应力张拉及锚具防护等。其中预应力锚具衬板安装及预应力索的张拉施工是预应力体系施工的关键环节。

2. 空心板边板（块）预应力锚具衬板的安装

空心板边板（块）预应力锚具衬板的安装是建立横

向体外预应力体系的前提，因此其安装要求牢固、结构安全可靠。施工的工作内容是：将预应力锚具衬板用植入边板（块）侧面上部与下部的高强螺栓，安装在板桥边板（块）侧壁上。主要工序包括：锚具衬板定位（包括高强螺栓孔的定位）、高强螺栓预埋孔钻孔、植入高强螺栓、安装橡胶衬垫及钢锚具衬板、旋（拧）紧螺帽等。

锚具衬板定位。锚具衬板的定位过程与方法为：①根据加固施工图中的预应力索中心位置在边板（块）侧壁上定位放线；②将拟安装的锚具衬板与待安装位置进行对应编号，以保证定位放线与安装时对应的构件保持一致；③标出预应力锚具衬板的中心线，衬板中心线与边板侧壁的定位线对应，标出预埋高强螺栓孔的中心位置。定位时要将衬板范围内的空心板侧壁混凝土表面进行整平处理，清理混凝土表面浮浆等杂物；对于凹陷的部位，将其表面打毛后，用环氧树脂砂浆予以填平、修补。

高强螺栓钻孔选用专用混凝土钻孔冲击钻，钻头选用直径比高强螺栓大一号的专用钻头。钻孔施工要做到保证钻孔位置的准确，以及保证钻孔垂直于空心板侧壁，同时钻孔要达到设计要求的深度。

高强螺栓植入。植入前应清理干净钻孔内的混凝土灰渣和已经松动的混凝土，可用小钢丝刷和高压气枪进行清理，同时要保证钻孔内混凝土的干燥。种植螺栓采用混凝土结构胶粘材料，按以下过程和方法进行施工：①按所用胶粘材料的使用要求，配置所需用量的胶粘材料。在螺栓钻孔内注入½深度的胶粘材料；②将根部清洁无油污的高强螺栓插入注胶的螺栓孔内至设计深度，挤压出多余的胶粘材料，当原注入的胶粘材料不能填满并溢出螺栓孔时，应拔出螺栓，重新加注胶粘材料，再插入螺栓；③用抹刀压平螺栓孔口的胶粘材料，并清理干净空心板侧壁上、锚具衬板范围内附着的胶粘材料；④高强螺栓的定位要准确，可以在胶粘材料初凝前，先预安装上有其他可靠措施固定的钢衬板，用来调整和固定高强螺栓的位置。

待高强螺栓胶粘材料充分固化后，即可进行锚具衬板的安装。安装预应力索端部锚具的构造，顺续安装上橡胶垫、钢衬（垫）板等锚具附属构件，并旋（拧）紧高强螺栓螺帽即可。

3. 预应力钢绞线施工

简支空心板梁桥横向体外预应力索的施工是其改造加固工程的主要内容和加固体系的关键部分。体外横向预应力加固法选择了具有较好防腐性能的无粘结预应力钢绞线作为预应力索。

预应力索的施工（钢绞线的张拉）应当在空心板间灌缝达到设计强度及锚具衬板高强螺栓粘结材料完全固化后进行。预应力钢绞线施工主要包括：钢绞线放样下料、钢绞线端头处理、穿（挂）索、钢绞线锚固端锚固、张拉施工及锚头封闭处理等工序，其中张拉控制是预应力钢绞线施工的关键环节。

无粘结预应力钢绞线的下料长度应根据简支空心板梁桥横向净宽度，以及锚固端、张拉端的工作长度进行计算、确定，留足张拉工作长度。钢绞线的切割可直接使用砂轮切割机切割，按计算长度下好料后，剥除两端锚具及张拉工作长度范围内的 HDPE 外皮，并将钢绞线上的防腐油脂擦拭干净，每根一盘备用。无粘结钢绞线下料、切割、成盘及运输过程中，要保护其 HDPE 外皮不受损伤。

无粘结预应力钢绞线的穿（挂）索施工。先用绳索将其锚固端牵引至空心板边板（块）锚具处，钢绞线穿过锚具衬板，并用锚固端锚具予以固定；在张拉端用绳索牵引钢绞线，穿过张拉端锚具衬板，用张拉端锚具固定，即完成预应力钢绞线的穿（挂）索施工。穿（挂）索施工过程中，应保护好钢绞线外套 PVC 保护管；同时要清除掉钢绞线附近空心板板底用于封闭板间缝的模板，以保证横向预应力体系的建立。

横向体外预应力钢绞线的张拉，使用高压油泵和张拉千斤顶进行施工。高压油泵、张拉千斤顶和油泵油压表施工前要进行标定。钢绞线张拉施工要平稳、缓慢进行。开始张拉到 0.1P 时，量测千斤顶的伸出长度，进行钢绞线伸长量和张拉应力的双控制；张拉控制力按 0.3P、0.5P、0.7P、0.9P、1.0P 逐步实施，并且分别记录钢绞线的伸长量；钢绞线超张拉至 1.05P 张拉控制内力，并关闭油压阀，稳定 10～15min，观察油压表的读数是否稳定，若读数保持不变时，即完成该根钢绞线的张拉施工；当发生油泵压力施加不上或油压表读数不稳定时，可能的原因在于发生锚具衬板松动或螺栓拔出的异常，应停止钢绞线张拉施工、排查处理异常后再行张拉。钢绞线张拉结束后，可留足锚具端头长度，用手持砂轮切割机割去多余的钢绞线。钢绞线的张拉施工中应注意空心板的变化情况，以防意外事故的发生。

预应力钢绞线的张拉施工如图 5-6 所示。

4. 钢绞线及其锚头的防腐与保护

由于简支空心板梁桥的横向预应力钢筋为体外筋，因此其防腐与保护也成为重要的环节。横向体外预应力钢绞线的防腐与保护主要包括：钢绞线的防腐与保护、锚头的防腐。

图 5-6　预应力钢绞线的张拉施工

　　钢绞线采用了防腐性能较好的无粘结预应力钢绞线，同时外套 PVC 保护套管，防止其划（刮）伤；钢绞线张拉结束后，将热缩套加热收缩并收紧在 PVC 保护套管的两端头上，使整根体外索和外界空气隔绝，加强体外索的防腐与保护。锚头的防腐主要采用内填满防腐油脂外包保护罩，将张拉完毕后的锚具及钢绞线密封于金属保护罩内，并拧上螺栓，对锚具及钢绞线进行可靠的防护。

五、桥面钢筋混凝土铺装层施工工艺与质量控制技术

1. 桥面钢筋混凝土铺装层施工概述

　　简支空心板梁桥加固改造桥面铺装层部分，加强

了钢筋混凝土铺装层结构，采用了 C40 混凝土、厚度（最薄处）增加至 10cm，同时加强了钢筋配置（采用二级钢筋、直径为 12mm、间距为 15cm×20cm 的钢筋网片）。郑漯路六座病害桥梁新铺钢筋混凝土铺装层面积合计约 16320m²。通过采取桥面钢筋混凝土铺装层结构加强措施，增加简支空心板梁桥的整体结构性能（包括纵向和横向），同时防止改造后的桥梁出现空心板间缝结构损坏等同类的结构病害，桥面钢筋混凝土铺装层的结构加强也是简支空心板梁桥加固改造技术中的一个重要方面。

桥面钢筋混凝土铺装层的施工（主要是混凝土浇筑）在横向体外预应力索张拉施工结束后进行，主要包括：钢筋施工、混凝土浇筑与养护等工序，其中钢筋保护层厚度及铺装层与空心板新旧混凝土间的粘结是该项施工的关键环节。

2. 混凝土铺装层钢筋施工

桥面新铺钢筋混凝土铺装层钢筋配置的加强是该加固方法的重要技术措施，是防止简支空心板梁桥板间缝结构损害的重要结构保证之一。为了加强装配式空心板板间的结构联结、增强板间企口缝的结构强度，以及新铺钢筋混凝土铺装层与原桥面伸缩缝结构的联结，桥面钢筋混凝土铺装层钢筋分别在上述结构部位配置了加强钢筋。

在桥面钢筋混凝土铺装层钢筋配置中，增设了空心板间及其企口缝内的钢筋。具体做法是：在空心板间企口缝与桥面混凝土铺装层之间增设加强钢筋，钢筋布置详见图 5-7 所示。企口缝内纵向钢筋为二级钢筋，直径 12mm，通长布置；横向联结筋为一级钢筋，直径 8mm，纵向间距为 20cm。（图中尺寸除钢筋直径以 mm 计外，余均以 cm 计）。

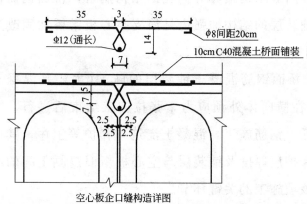

空心板企口缝构造详图

图 5-7　空心板间及其企口缝结构加强钢筋设置

对于原保留的桥面伸缩缝结构与新铺桥面钢筋混凝土层之间的加强钢筋连接，采用了以下做法：原桥面混凝土拆除后，在桥台伸缩缝混凝土侧面植筋。直径 12mm 的二级钢筋用环氧树脂植入伸缩缝混凝土15cm，外露 25cm 与桥面混凝土铺装层钢筋焊接；所植入钢筋在原伸缩缝混凝土侧面高度方向上居中布置，横桥向间距为 15cm。

钢筋绑扎与固定采用焊接的方式，以保证钢筋网片不发生变形。同时为保证钢筋网片下面的混凝土保护层厚度，采取以下措施和施工做法：①桥面混凝土铺装层钢筋网片用钢筋支架固定和支撑（以保证其下混凝土保护层厚度）；②钢筋支架采用一级钢筋，直径为 6mm，形状及尺寸见图 5-8 所示（图中尺寸均以 cm 计）；③支架间的纵向、横向间距均为 1.5m，支架与铺装层钢筋之间宜采用点焊固定；④桥面混凝土铺装层厚度大于 10cm 处，支架高度随之进行调整。

由于桥面钢筋混凝土铺装层钢筋配置的较为密集，尤其是钢筋搭接处及桥墩两纵向空心板交结处，钢筋都十分密集，为保证铺装层的混凝土浇筑密实，钢筋密集处的相邻几根钢筋可并在一起。

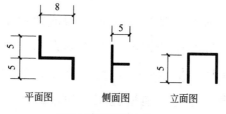

混凝土铺装层钢筋支架

图 5-8　桥面钢筋混凝土铺装层钢筋网片支架

桥面钢筋铺装层钢筋施工如图 5-9 所示。

图 5-9 桥面钢筋混凝土铺装层钢筋施工现场

3. 混凝土铺装层混凝土浇筑与养护

新铺钢筋混凝土铺装层混凝土浇筑与其他混凝土浇筑施工的技术一样，在混凝土浇筑时要保证混凝土振捣密实、最薄处厚度，以及顶面标高等方面。作为简支空心板梁桥加固改造中的混凝土桥面铺装工程，其中原结构(空心板)表面的清洁、空心板间企口缝浇筑，以及顶面标高的控制等更为重要。

要保证桥面新铺混凝土铺装层与下部原空心板混凝土的粘结强度，原空心板表面的清洁很重要。除在原桥面铺装拆除后的混凝土灰渣等杂物清理外，在新桥面混凝土铺装层施工前，要对空心板混凝土表面进行再次清理，清理在前期施工中遗落的建筑材料和其他杂物，并用高压水枪清洗空心板表面的浮灰；同时混凝土浇筑时原桥面上不应存有积水。

为保证简支空心板梁桥的整体性能，采取空心板间企口缝混凝土与桥面铺装混凝土一起浇筑的措施，因此在混凝土浇筑振捣时，要特别注意企口缝处的振动，保证该处的混凝土浇筑质量。

在该六座病害桥梁加固改造的桥面铺装层混凝土施工中，同时采用了以下质量保证措施：使用泵送混凝土，桥面全幅混凝土浇筑，以保证桥面结构的整体性；混凝土铺装层浇筑与顶面标高的控制，在整幅桥面纵向设三道钢梁（横向桥面中央及两边缘），钢梁宜采用 4cm 高的槽钢、方管、工字钢等型钢架设，其上顶面作为桥面混凝土铺装层浇筑顶面的控制标高，钢梁架设应有足够的强度，保证其在混凝土浇筑施工中不发生变形和变位，同时不得影响钢筋的位置。混凝土的振捣采用振动棒、平板振动器和振动横梁相结合的方式，振动横梁长度要大于桥面半幅宽度，并且要有足够的刚度和振动功率。

桥面混凝土铺装层混凝土浇筑完毕后，要及时进行覆膜养护，防止（尤其是高温季节）混凝土表面开裂等病害的发生。

六、桥面沥青铺装层施工工艺与质量控制技术

简支空心板梁桥加固改造桥面沥青铺装层的施工

同其他桥面沥青铺装层施工一样，施工中要控制好其平整度、压实度、标高等指标。该六座病害桥梁桥面新铺沥青铺装层面积合计约 $16320m^2$。

作为旧桥的改造工程，在桥面新铺沥青层施工中要注意对原有结构的保护：主要是原伸缩缝混凝土结构边缘的保护，以及新铺沥青面层纵坡、横坡与原桥梁连接路面坡度的协调一致。

七、加固改造施工中的质量保证措施

1. 施工质量保证概述

加固改造的施工质量，是采用横向体外预应力方法加固改造简支空心板梁桥实际应用效果的基础和保证，因此采取可靠的施工质量保证措施对病害桥梁的加固改造工程有重要意义。

在一条高速公路上同时进行六座桥梁的加固改造施工，这对桥梁养护改造施工的组织与质量保证带来了很大压力。在该六座病害桥梁加固改造施工中，根据现场施工的具体情况和桥梁加固改造工程的特点，逐步形成了施工方、监理方与业主方对每座桥责任落实到人的三方管理与监督机制。经各方的共同努力，该六座病害桥的加固改造施工取得了满意的施工质量与改造效果。

2. 质量保证措施

该六座病害桥梁加固改造中施工质量保证与监督做好了人员保证（每座桥都有监理人员和业主方人员）、原材料试验检验、施工过程监督、施工中新问题的处理，以及施工经验的总结与推广等方面的工作，这六座桥的加固改造施工证明，这些方面的工作是有成效的。

人员保证，主要是保证每座桥梁的加固改造施工的每个环节，都有监理人员与业主方人员的现场旁站监督。

原材料的试验检验，包括钢筋、钢绞线、高强灌浆（缝）料等主要原材料的试验检验。做到不合格和不符合加固设计要求的材料严禁进场。

施工过程监督，主要是施工全过程的监督与管理，尤其是在桥面拆除、钢绞线张拉、新桥面铺装层施工等关键施工环节，更要坚持现场旁站监督。根据对简支空心板梁桥加固改造施工全工程的仔细分析，确定了包括原结构物拆除和新结构物施工的全过程施工控制关键点，关键点的设置及其控制内容要点见表5-3。

新问题的处理，主要是对施工中出现的没有预料到的问题的处理，如原桥面拆除过程中空心板的破损、空心板板间缝的密封等。在旧桥加固改造施工中，难免要出现没有预料到的问题，对于新出现的问题进行认真分析，并采取可靠、可行的方案予以处理。

施工控制关键点及其控制内容要点 表 5-3

关 键 点	控 制 内 容 要 点
桥面沥青层拆除	保护好需要保留的原桥梁结构物（伸缩缝构造）
桥面混凝土层拆除	保护原预应力空心板结构；彻底清除附着在保留结构表面的桥面混凝土
原板间缝清除	保护原预应力空心板结构；彻底清除板间残留的灌缝细石混凝土
板间缝灌注	保证板间缝密封模板密闭；灌缝料调制符合要求
端锚设施安装	定位准确；构件间接触严密；螺栓埋置牢固；各紧固件施工符合要求
体外索张拉	张拉力控制准确；伸长量控制在范围内；各金属构件的防腐符合要求
铺装层钢筋绑扎	钢筋设置准确；钢筋搭接符合要求；保护层厚度保证措施可靠
铺装层混凝土浇筑	混凝土浇筑厚度保证措施可靠；浇筑密实；顶标高控制准确；养护得当
沥青层铺筑	沥青混合料配比准确；铺筑密实；纵、横坡控制准确

横向体外预应力加固改造装配式空心板桥的方法体系，是一种全新的该类桥型的加固改造方法，施工工艺也是新的，因此在工程实例桥的加固改造施工中，需要不断地总结施工经验，并推广到其他桥梁的

加固改造施工中，以利于提高施工质量，加快施工进度，更好地达到该加固方法的目的。该六座病害桥梁加固改造施工中就总结推广了空心板间缝底面采用吊板密封、新铺桥面混凝土施工采用钢横梁控制顶标高等施工经验。

第六章 荷 载 试 验

一、试验荷载工况的确定

为了满足鉴定桥梁承载力的要求，试验荷载工况的选择应反映桥梁结构的最不利受力状态，简单结构可选 1～2 个工况，复杂结构可适当多选几个工况，但不宜过多。在进行各荷载工况布置时，可参照截面内力（变形）影响线进行，一般设 2～3 个主要荷载工况，同时可根据试验桥梁结构体系的具体情况再设若干个附加荷载工况，但主要荷载工况必须保证。下面给出连续梁桥试验荷载工况：

1. 主要工况

主跨支点最大负弯矩工况；

主跨跨中最大正弯矩工况。

2. 附加工况

边跨最大正弯矩工况；

主跨桥墩最大竖向反力工况；

主跨支点最大剪力工况。

此外，对桥梁施工中的薄弱截面或缺陷修补后的截面，或者旧桥结构损坏部位、比较薄弱的桥面结构，可以专门进行荷载工况设计，以检验该部位或截面对结构整体性能的影响。

对于梁式结构的最大挠度工况，一般与最大正弯矩工况相同。

使用车辆加载而又未安排动载试验项目时，可在静载试验项目结束后，将加载车辆（多辆车辆相应地进行排列）沿桥长慢速行使一趟，以全面了解荷载作用于桥面不同部位时结构的承载状况。

二、试验荷载等级的确定

1. 控制荷载的确定

为了保证荷载试验的效果，必须先确定试验的控制荷载。控制桥梁设计的活荷载有下列几种：

1）汽车和人群（标准计算荷载）；

2）挂车或履带车（标准验算荷载）；

3）需通行的特殊重型车辆。

分别计算设计时所采用的控制荷载或由试验目的所决定的荷载对结构控制截面产生的内力（或变形）的

最不利值并进行比较，取其中最不利者对应的荷载作为控制荷载。

荷载试验应尽量采用与控制荷载相同的荷载，而组成控制荷载(标准设计荷载)的车辆是由运管车辆统计而得的概率模型。当客观条件所限，采用的试验荷载与控制荷载有差别时，为保证试验效果，在选择试验荷载的大小和加载位置时采用静载试验效率 η_q 进行控制。

2. 静载试验效率

静载试验效率为：

$$\eta_q = \frac{S_s}{S} \tag{6-1}$$

式中　　S_s——静载试验荷载作用下控制截面内力计算值；

　　　　S——计入冲击系数 $(1+\mu)$ 的控制荷载作用下控制截面最不利内力计算值；

其中：　μ——按规范采用的冲击系数，对于平板挂车、履带车和重型车辆取 $\mu=0$。

η_q 值可采用 $0.8\sim1.05$，当桥梁的调查、检算工作比较完善而又受加载设备能力所限时，η_q 值可采用低限；当桥梁的调查、检算工作不充分，尤其是缺乏桥梁计算资料时，η_q 值应采用高限；η_q 应根据前期工作的具体情况来确定，一般情况下 η_q 值不宜小于 0.95。

荷载试验宜选择在温度稳定的季节和天气条件下进行。当温度变化对桥梁结构内力的影响较大时，应选择温度、内力较不利的季节进行荷载试验，否则应考虑用适当增大静载试验效率 η_q 来弥补温度影响对结构控制截面产生的不利内力。

当控制荷载为挂车或履带车而采用汽车荷载加载时，考虑到汽车荷载的横向应力增大系数较小，为了使截面的最大应力与控制荷载作用下截面最大应力相等，可适当增大静载试验效率 η_q。

三、加载方式及设备的选择

1. 静载加载分级与控制

为了加载安全和了解桥梁结构应变和变位随试验荷载增加的变化规律，对桥梁荷载试验，各主要工况应分级进行加载。

分级控制的原则：

1）当加载分级较为方便时，可把最大控制截面内力荷载工况均分为 4～5 级。

2）当使用载重车加载，车辆称重有困难时也可分成 3 级加载。

3）当桥梁的调查和验算工作不充分，或桥况较差，应尽量增多加载分级。如限于条件，加载分级较少时，应注意每级加载时，荷载车辆应逐辆缓缓驶入预定加载位置，必要时可在加载车辆未到达预定加载位置前分次对控制测点进行读数监控，以确保试验安全。

4）在安排加载分级时，加载过程中其他截面内力亦会逐渐增加，应注意最大内力不应超过控制荷载作用下的最不利内力。

5）根据具体条件决定分级加载的方法，最好每级加载后卸载，也可逐级加载达到最大荷载后逐级卸载。

2. 加载设备的选择

静载试验加载设备可根据加载要求及具体条件选用，一般有以下两种加载方式：

1）可行式车辆

可选用装载重物的汽车或平板车，也可就近利用施工机械车辆。选择装载的重物时，要考虑车厢能否容纳得下、装载是否方便。装载的重物应置放稳妥，以避免车辆行驶时因摇晃而改变重物的位置。

采用车辆加载优点很多，如便于调运和加载布置，加卸载迅速等。采用汽车荷载既能做静载试验又能做动载试验，这是目前较常采用的一种方法。

2）重物直接加载

一般可按控制荷载的着地轮迹先搭设承载架，再在承载架上堆放重物或设置水箱进行加载。如加载仅为满足控制截面内力要求，也可采取直接在桥面堆放重物或设置水箱的方法加载。承载架的设置和加载物的堆放应安全、合理，能按要求分布加载重量，并且不使加载设备与桥梁结构共同承载而形成"卸载"现象。

重物直接加载准备工作量大，加卸载所需周期一般较长，交通中断时间亦较长，且试验时温度变化对测点的影响较大，因此宜安排在夜间进行试验。

此外，其他一些加载方式也可根据加载要求因地制宜地选择。

3. 加载物重力的称量

可根据不同的加载方法和具体条件选用以下方法对所加重物的重力进行称量：

1）称重法

当采用重物直接在桥上加载时，可将重物化整为零称重后按逐级加载要求分堆置放，以便加载取用。当采用车辆加载时，应逐轴称重。

2）体积法

如采用水箱加载，可通过量测储水体积来换算储水的重力。

3）综合计算法

根据车辆出厂规格确定空车轴重（注意考虑车辆零配件的更换和增减，汽油、水、乘员重力的变化），再根据装载重物的重力及其重心将其分配至各轴。装载物最好采用外形规则的物体整齐码放，或采用松散均匀材料（如砂子等）在车厢内摊铺平整，以便准确确定其重心位置。

无论采用何种方法确定加载物重力，均应做到准确可靠，其称量误差最大不得超过 5％，最好能采用两种称量方法互相校核。

四、测点设置

1. 主要测点的布设

布设的测点不宜过多，但要保证观测质量。有条件时，同一测点可用不同的测试方法进行校对。一般情况下，对主要测点的布设应能控制结构的最大应力（应变）和最大挠度（或位移）。对于连续梁桥，其桥梁体系的主要测点布设为：跨中挠度，支点沉降，跨中和支点截面应变。

挠度（变位）观测点，对于整体式梁桥，一般对称于桥中轴线布设，截面设单点时，布置在桥中轴线上，截面设双点时，布置在梁底或梁顶面两侧，其横向间距尽可能大一些；对于多梁式桥，可在每梁底布置一个或两个测点。截面抗弯应变测点应设置在截面横桥向应力可能分布较大的部位，沿截面上、下缘布设，桥横向测点设置一般不少于3处，以控制最大应力的分布。

当采用测定混凝土表面应变的方法来确定钢筋混凝土结构中钢筋承受的拉力时，考虑到混凝土表面已经可能产生的裂缝对观测的影响，测点的位置应合理进行选择。如凿开混凝土保护层直接在钢筋上设置拉应力测点，则在试验完后必须修复保护层。

2. 附加测点的布设

根据桥梁调查和检算工作的深度，综合考虑结构特点和桥梁目前状况等可适当加设以下测点：

1）挠度沿桥长或沿控制截面桥宽方向分布；

2）应变沿控制截面桥宽方向分布；

3）应变沿截面高度分布；

4）组合构件的结合面上、下缘应变；

5）墩台的沉降、水平位移与转角；

6）剪切应变；

7）其他结构薄弱部位的应变；

8）裂缝的监测。

一般应实测控制截面的横向应力增大系数。当结构横向联系构件质量较差，连接较弱时，则必须测定控制截面的横向应力增大系数。

对于剪切应变测点，一般采取设置应变点的方法进行观测。为了方便，对于梁桥的剪应力也可在截面中性轴处主应力方向设置单一应变测点来进行观测。梁桥的实际最大剪应力截面应设置在支座附近而不是支座上，即设在自梁底支承线与水平成 45°方向斜线与截面中性轴的交点上。

3. 温度测点的布设

选择与大多数测点较接近的部位设置 1～2 处气温观测点。此外，可根据需要在桥梁主要测点部位设置一些构件表面温度观测点，尤其对于温度敏感的桥梁，宜沿跨径长度方向多设置一些气温观测点。

五、静载试验过程

静载试验应在现场指挥人员统一指挥下按荷载试验方案中的计划有秩序进行。首先检查不同分工的测试人员是否各行其职；交通管理、加载（或驾驶员）和联络人员是否到位；加载设备、通信设备和电源（包括备用电源）是否准备妥当；加载位置、测点放样和测试仪器安装是否正确；然后调试仪器（自动记录时对测试仪表数据采集和记录设备进行连接），利用过往车辆（或初试荷载）检查各测点观测值的规律性，使整个测试系统进入正常工作状态。记录天气情况和试验开始时间，进行正式试验。

1. 试验观测与记录

1）温度稳定观测

仪表安装完毕后，一般在加载试验之前应对各测点进行一段时间的温度稳定观测，中间可每隔 10min 读数一次。观测时间应尽量选择与加载试验相同的外界气候条件或选择加载试验前夕。这一观测成果用于衡量加载试验时外界气候条件对观测造成误差的影响范围，或用于测点的温度影响修正。

2）仪表的测读与记录

人工测读千分表、百分表时，仪表的测读应准确、迅速，并记录在专门的表格上，以便于试验资料的整理和计算。记录者应对所有测点量测值变化情况进行检查，看其变化是否符合规律，尤其应着重检查第一次加载时量测值的变化情况。对工作反常的测点应检查仪表安装是否正确，并分析其他可能影响其正常工作的原因，及时排除故障。对于控制测点应在故障排除后重复一次加载测试项目。

目前，常用的电阻应变仪一般均有自动扫描、记录、存储功能，对于复杂的桥梁结构，在静载试验时多点应变量测已无困难。同时，应尽量采用机电百分表等电测仪表观测结构挠度（变位），以便于自动扫描、记录、存储观测数据信息。

当采用仪器自动采集数据记录时，应对控制点的应变和位移进行监控，测试结果规律异常时，应查明原因采取补救措施。将记录结果整理成表格形式，以便进行结果分析并与原始记录一同保存备查。

当采用光测仪器如精密水准仪、经纬仪、全站仪量测桥梁结构变位时，仪器的测读应准确、迅速，并用先进的通信设备与现场指挥人员保持密切联系，在专用记录表上详细记录，以便进行结果分析与原始记录一同保存备查。

3）裂缝观测

加载试验中裂缝观测的重点是结构承受拉力较大部位及旧桥原有裂缝较长、较宽的部位。在这些部位应量测裂缝长度、宽度，并在混凝土表面沿裂缝走向进行描绘。加载过程中观测裂缝长度及宽度的变化情况，可直接在混凝土表面进行描绘记录，也可采用专用表格记录。加载至最不利荷载及卸载后应对结构裂缝进行全面检查，尤其应仔细检查是否产生新的裂缝，并将最后检查情况填入裂缝观测记录表，必要时可将裂缝发展情况绘制在裂缝展开图上。

2. 加载实施与控制

1）加载程序

加载应在试验指挥人员指挥下严格按试验方案中拟订的加载程序进行。采用重物加载时，按荷载分级逐级施加，每级荷载堆放位置准确、整齐稳定。荷载施加完毕后，逐级卸载。采用车辆加载时，先由零载加至第一级荷载，卸载至零载；再由零载加至第二级荷载，卸至零载……，直至所有荷载施加完毕（有时为了确保试验结果准确无误，每一级荷载重复施加1～2次）。每一级荷载施加次序为纵向先施加重车，后施加前后标准车；横向先施加桥中心的车辆，后施加外侧的车辆。

2）加载稳定时间控制

为控制加卸载稳定时间，应选择一个控制观测点（如桥梁的跨中挠度或应变测点），在每级加载（或卸载）时立即测读一次，计算其与加载前（或卸载前）测读值之差值 S_g，然后每隔 2min 测读一次，计算 2min 前后计数的差值 ΔS，并按下式计算相对计数差值：

$$m = \frac{\Delta S}{S_g} \tag{6-2}$$

当 m 值小于 1% 或小于量测仪器的最小分辨值时，

即认为结构基本稳定，可进行各观测点读数。但当进行主要控制截面最大内力荷载工况加载程序时，荷载在桥上稳定时间应不少于5min，对尚未投入营运的新桥应适当延长加载稳定时间。

3）加载过程的观察

加载试验过程中应对结构控制点位移（或应变）、结构整体行为和薄弱部位破损处实行监控，并将结果随时汇报给指挥人员作为控制加载的依据。随时将控制点实测位移与计算结果比较，如实测值超过计算值较多，则应暂停加载，待查明原因再决定是否继续加载。试验人员如发现其他测点的测值有较大的反常变化也应查明原因，并及时向试验指挥人员报告。加载过程中应指定人员随时观察结构各部位可能产生的新裂缝，注意观察构件薄弱部位是否有开裂、破损，组合构件的结合面是否有开裂错位，支座附近混凝土是否开裂，横隔板的接头是否拉裂，结构是否产生不正常的响声，加载时墩台是否发生摇晃现象等。如发生这些情况，应报告试验指挥人员，以便采取相应的措施。

4）终止加载控制条件

发生下列情况应中途终止加载：

（1）控制测点应力值已达到或超过用弹性理论按

规范安全条件反算的控制应力值时；

（2）控制测点变位（或挠度）超过规范允许值时；

（3）由于加载使结构裂缝的长度、宽度急剧增加，新裂缝大量出现，缝宽超过允许值的裂缝大量增多，对结构使用寿命造成较大的影响时；

（4）发生其他损坏，影响桥梁承载能力或正常使用时。

试验荷载加载控制分析是一项相当严肃的重要工作，试验人员务必认真对待，仔细观测并对比分析，严格按照加载控制条件实施。

六、试验数据分析

通过静载试验得到的原始数据、文字和图像描述材料是荷载试验最重要的资料。虽然它们是可靠的，但这些原始资料数量庞大、不直观，不能直接用于评定桥梁结构承载能力，故进行承载能力评定之前必须对它们进行处理、分析，得出直接进行桥梁结构承载能力评定的指标，以满足承载力评定的需要。

试验结果与理论分析的比较：

为了解桥梁结构整体受力性能，需对桥梁荷载试验结果与理论分析值进行比较，以检验新建桥梁是否达到设计荷载标准，或判断旧桥的承载能力。可以将结构位移、应变等实测值与理论计算值列表进行比较，对结构在最不利荷载工况作用下主要控制截面测点的位移、应变的实测值与理论计算值，要分别绘出荷载位移(P-Δ)曲线、荷载应变(P-ε)曲线，并绘出最不利荷载工况作用下位移沿结构纵、横向分布曲线和控制截面应变沿高度分布图，以及绘制结构裂缝分布图（按裂缝编号注明长度、宽度、初裂荷载以及裂缝发展情况）。

1. 结构校验系数

为了量化以及描述实测值与理论计算值比较的结果，引入结构校验系数：

$$\eta = \frac{S_e}{S_s} \qquad (6\text{-}3)$$

式中　S_e——试验荷载作用下量测的弹性变位（或应变）值；

　　　S_s——试验荷载作用下理论计算变位（或应变）值。

S_e 与 S_s 的比较可用实测的横截面平均值与计算值比较，也可考虑荷载横向不均匀分布而选用实测最大值且考虑横向增大系数的计算值进行比较。横向增大系数最好采用实测值，如无实测值也可采用理论计算值。

2. 横向增大系数

横向增大系数一般由实测的变位（或应变）最大值与横向各测点平均值之比求得，即

$$\xi = \frac{S_{emax}}{S_e} \qquad (6\text{-}4)$$

式中　S_{emax}——试验荷载作用下量测的最大弹性变位（或应变）值；

　　　S_e——试验荷载作用下横桥向各测点量测的弹性变位（或应变）值的平均值。

七、桥梁承载能力评定

经过荷载试验的桥梁，应根据整理的试验资料分析结构的工作状况，进一步评定桥梁承载能力，为新建桥梁验收做出鉴定结论，或作为旧桥承载力鉴定检算的依据，并纳入桥梁承载能力鉴定报告和桥梁承载能力鉴定表。一般进行下列分析评定工作：

1. 结构工作状况

1）校验系数 η

校验系数 η 是评定结构工作状况、确定桥梁承载能力的一个重要指标。不同结构形式的桥梁其 η 值一般不相同，η 值常见的范围可参考表 6-1。

一般要求 η 值不大于1，η 值越小，结构的安全储备

桥梁类型	应变(或应力)校验系数	挠度校验系数	桥梁类型	应变(或应力)校验系数	挠度校验系数
钢筋混凝土板桥	0.20～0.40	0.20～0.50	预应力混凝土桥	0.60～0.90	0.70～1.00
钢筋混凝土梁桥	0.40～0.80	0.50～0.90	圬工拱桥	0.70～1.00	0.80～1.00

越大。η 值过大或过小都应该从多方面分析原因。如 η 值过大可能说明组成结构的材料强度较低，结构各部分连接性较差，刚度较低等。η 值过小可能说明材料的实际强度及弹性模量较高，梁桥的混凝土桥面铺装及人行道等与主梁共同受力，支座摩阻力对结构受力的有利影响，计算理论或简化的计算图式偏于安全等。试验加载物的称量误差、仪表的观测误差等也对 η 值有一定影响。总之，影响 η 值的因素较复杂，必须进行详细分析。

2）实测值与理论值的关系曲线

由于理论变位（或应变）一般系按线性弹性理论计算，所以，如测点实测弹性变位（或应变）与理论计算值成正比，其关系曲线接近于直线，说明结构处于良好的弹性工作状况。

3）相对残余变位（或应变）

测点在控制荷载工况作用下的相对残余变位（或应变）S_p/S_t 越小，说明结构越接近于弹性工作状况，一

般要求 S_p/S_t 值不大于 20％。当 S_p/S_t 大于 20％时，应查明原因，如确系桥梁强度不足，应在结构评定时酌情降低桥梁的承载能力。

4）横向增大系数

主要测点在控制荷载工况作用下的横向增大系数 ξ，反映了桥梁结构荷载横向不均匀分布的程度及横向联结的工作状况。ξ 值越小，说明荷载横向分布越均匀，横向联结构造越可靠；ξ 值越大，说明荷载横向分布越不均匀，横向联结越薄弱，结构受力越不利。

5）动载性能

根据动载试验成果，当动载试验效率 η_d 接近 1 时，不同车速下实测的冲击系数最大值可用于结构的强度及稳定性验算。

桥梁结构的振型、自振频率及阻尼比等对桥梁承载能力的影响，目前尚无成熟的评价方法，可参考其他有关研究资料进行分析。

2. 结构强度及稳定性

当荷载试验项目比较全面时，可采用荷载试验主要挠度测点的校验系数 η 来评定结构的强度和稳定性。

对于一般新建桥梁，在荷载试验后尚无桥梁检算系数可供查用。为了评定的需要，可借用《公路桥梁承载能力鉴定方法（试行）》中荷载试验后的旧桥检算

系数 Z_2，按式(6-5)或式(6-6)对桥梁结构抗力将予以提高或折减后检算。

对于旧桥，根据《公路旧桥承载能力鉴定方法(试行)》采用 Z_1 值验算不符合要求，但采用 Z_2 值根据式(6-5)或式(6-6)验算符合要求时，可评定桥梁承载能力满足检算荷载要求。

砖石和混凝土桥：

$$S_d(\gamma_{s0}\psi\Sigma\gamma_{sl}Q) \leqslant R_d\left(\frac{R_j}{\gamma_m},\ a_k\right) \times Z_2 \qquad (6-5)$$

钢筋混凝土及预应力混凝土桥：

$$S_d(\gamma_g G,\ \gamma_q\Sigma Q) \leqslant \gamma_b R_d\left(\frac{R_c}{\gamma_c},\ \frac{R_s}{\gamma_s}\right) \times Z_2 \qquad (6-6)$$

式中各参数的物理意义详见《公路旧桥承载能力鉴定方法(试行)》。

经过荷载试验的桥梁检算系数 Z_2 值表　　　　　　表 6-2

挠度校验系数 η	Z_2	挠度校验系数 η	Z_2
0.4 及以下	1.20~1.30	0.8	1.00~1.10
0.5	1.15~1.25	0.9	0.97~1.07
0.6	1.10~1.20	1.0	0.95~1.05
0.7	1.05~1.15		

注：1. η 值应经校核确保计算及实测无误；
　　2. η 值在列表之间时可内插；
　　3. 当 η 值大于 1 时应查明原因，如确系结构本身强度不够，应适当降低检算承载能力。

根据 η 值由表 6-2 查取 Z_2 的取值范围，再根据下列条件确定 Z_2 值。符合下列条件时，Z_2 值可取高限，否则应酌减，直到取低限：

1）加载内力与总内力（加载内力＋恒载内力）的比值较大，荷载试验效果较好。

2）实测值与理论值线性关系良好，相对残余变位（或应变）较小。

3）桥梁结构各部位无损伤，风化、锈蚀、裂缝等较轻微。

η 值应取控制截面内力最不利荷载工况时最大挠度测点进行计算。对梁桥，可采用跨中最大正弯矩荷载工况的跨中挠度。

3. 结构刚度

试验荷载作用下，主要测点挠度校验系数 η 应不大于1。各点的挠度不超过《公路砖石及混凝土桥涵设计规范》（JTJ 022—85）、《公路钢筋混凝土及预应力混凝土桥涵设计规范》（JTJ 023—85）和《公路桥涵钢结构及木结构设计规范》（JTJ 025—86）规定的允许值。

如控制荷载为标准计算荷载，对于钢筋混凝土与预应力混凝土桥，则不计冲击力的挠度允许值为：

梁桥主梁跨中 $= l/600$

试验荷载下如一个桥跨范围内有正负挠度，则上述允许值为正、负挠度的最大绝对值之和的限值。

如控制荷载为标准验算荷载，则上述允许值可提高 20%。

4．裂缝

对于新建桥梁，试验荷载作用下全预应力混凝土结构不应出现裂缝，钢筋混凝土结构裂缝不超过《公路钢筋混凝土及预应力混凝土桥涵设计规范》（JTGD 62—2004)容许值，即

$$\delta_{max} \leqslant [\delta] \tag{6-7}$$

对于旧桥，荷载试验后所有裂缝应不大于表 6-3 规定的允许值。

裂 缝 限 值 表　　　　　　　　　　表 6-3

结构类型	裂缝部位		允许最大缝宽（mm）	其他要求
钢筋混凝土梁	主筋附近竖向裂缝		0.25	
	腹板斜向裂缝		0.30	
	组合梁结合面		0.50	不贯通结合面
	横隔板与梁体端部		0.30	
	支座垫石		0.50	
预应力混凝土梁	梁体竖向裂缝		不允许	
	梁体纵向裂缝		0.20	
墩　台	墩台帽		0.30	
	墩台身	经常受侵蚀性环境水影响	有筋 0.20	不允许贯通墩台身截面的一半
			无筋 0.20	
		常年有水，但无侵蚀性影响	有筋 0.25	
			无筋 0.35	
		干沟或季节性有水河流	0.40	
		有冻结作用部分	0.20	

第七章　试验检测评定

一、湾店立交桥概况

郑州至漯河高速公路湾店分离式立交桥位于该高速 K73+424.04km 处，该桥全长 65.08m，上部结构为 3 跨 20m 预应力混凝土空心板，下部构造为混凝土钻孔灌注桩，桥面简易连续，桥面总宽度 12m，组成为净—11m+2×0.5m(护栏)。桥梁设计荷载等级为汽车—20 级、挂车—120。

该桥于 1996 年年底竣工通车，由于交通荷载与自然环境的影响，该桥局部出现了病害。同时，2003 年 5 月后，预计有若干次超载车辆通过该桥，因此，有必要对该桥现有的实际承载能力及工作性能进行检验。受该桥管理单位的委托，河南省交通科学技术研究院(河南省公路工程试验检测中心)组成了桥梁加固检测组，并于 2003 年 3 月 20 日～2003 年 5 月 10 日对该桥进行了静、动荷载试验。

二、试验检测目的

1. 通过桥梁的动静载试验，检验该桥的现有实际承载能力及工作性能。

2. 为桥梁加固设计提供依据。

3. 通过加固前、加固后桥梁的静、动载对比试验、检验桥梁的实际加固效果。

三、试验检测依据

1.《混凝土结构试验方法标准》(GB 50152—92)；

2.《大跨径混凝土桥梁的试验方法》(交通部公路科研所等单位编)；

3.《公路旧桥承载能力鉴定方法》(交通部标准1988)；

4.《公路桥涵设计通用规范》(JTGD 60—2004)；

5.《公路钢筋混凝土及预应力混凝土桥涵设计规范》(JTGD 62—2004)；

6.《京珠高速公路郑漯路施工图设计》，河南省交通勘测设计研究院。

四、试验检测主要项目

1. 全面检查该桥梁结构的现有状况；

2. 根据检查结果，选择有代表性的桥跨进行下列动静载试验项目：

（1）应力是衡量桥梁结构强度的一个重要指标，量测控制断面（跨中）板底纵向混凝土应变；

（2）挠度是衡量桥梁结构实际刚度的重要指标之一，量测控制断面（跨中）的挠度及支点沉降；

（3）可能发生的裂缝及其发展（包括初始裂缝的出现，裂缝的宽度、长度、间距、位置、方向和形状，以及卸载后的闭合情况）；

（4）测试桥梁结构的动力特性（包括桥梁的自振频率、汽车荷载的冲击系数、阻尼比）；

（5）观测试验过程中桥梁墩、台的沉降情况。

五、试验检测方法及主要仪器设备

1. 应变测试

本次试验应变测试采用 VWSF 振弦式应变计，该应变计适用于长期布设在水工建筑物或者其他结构物表面，测量结构物的应变量，必要时可同步测量布设点的温度。振弦式表面应变计的主要技术参数见表7-1。

应变计的主要技术参数 表 7-1

规格代号			VWSF
尺寸参数	测量标距 L(mm)		100、150、250
	有效直径 d(mm)		22
	端部直径 D(mm)		33
性能参数	应变测量范围	拉伸(10^{-6})	1500
		压缩(10^{-6})	1000
	最小读数 K($10^{-6}/F$)		$\leqslant$0.5
	温度测量范围(℃)		$-25\sim+60$
	弹性模量(MPa)		$300\sim500$

振弦式表面应变计的工作原理：当被测结构物应力发生变化时，将带动表面应变计产生变形，变形通过前、后端座传递给振弦转变成振弦应力的变化，从而改变振弦的振动频率。电磁线圈激振振弦并测量其振动频率，频率信号经电缆传输至读数装置，即可测出结构物的应变量。

当外界温度恒定、表面应变计仅受到轴向变形时，其应变量 ε 与输出的频率模数变化量 ΔF 具有如下线性关系：

$$\varepsilon = K \times \Delta F$$

$$\Delta F = F - F_0$$

式中　K——表面应变计的最小读数(10^{-6}/F)；

　　　ΔF——表面应变计实时测量值相对于基准值的变化量(F)；

　　　F——表面应变计的实时测量值(F)；

　　　F_0——表面应变计的基准值(F)。

应变测试二次仪表为 VW-101 型振弦式读数仪。它适用于测读所有非连续激振型振弦式仪器，并能在工程现场各种气候下正常工作。其主要技术参数见表7-2。

VW-101 型振弦式读数仪主要参数　　表 7-2

测量项目	测量范围	最小读数
频率模数(F)	160～20250	0.1
频率值(Hz)	400～4500	0.1
温度值(℃)	－30～＋70	0.1

2. 跨中挠度(变形)及墩台沉降测试

跨中挠度及墩台沉降测试采用 RS-50 型防水位移计为测试元件，量程 50mm，分度值 0.01mm。该位移计在 50mm 内误差不大于 0.03mm，其二次仪表为多通道位移监测系统，自动采样，自动记录。现场测试时附加人工记录，以利校核。

3. 裂缝观测

加载过程中裂缝的出现或者变化采用刻度放大镜

进行观测。

4．混凝土强度测试

采用混凝土数字式回弹仪进行测试。

5．动力特性测试

通过 DH5936 振动测试分析系统及 BJQN-4B 型桥梁挠度检测仪将荷载试验过程中的动态加速度时程曲线及动态挠度时程曲线记录下来加以分析，确定桥梁结构的动力特性即自振频率、阻尼比及行车荷载对桥梁的冲击系数。

本次试验采用的主要仪器设备见表 7-3。

试验主要仪器设备　　　　　　表 7-3

仪器名称	型　号	精度	数量
多通道位移监测系统	RS-WJ	0.01mm	1 台
位移计	RSWS-50	0.01mm	20 支
混凝土应变计	VWSF-10 VWSF-15	$0.4\mu\varepsilon$	160 支
读数仪	VW-101	0.1F	1 套
刻度放大镜	20 倍	0.05mm	2 台
混凝土数显回弹仪	DIGI-SCHMIDT2000	0.1MPa	1 台
东华振动数据采集系统	DH5936		1 套
桥梁挠度检测仪	BJQN-4B	3‰	1 套
笔记本电脑	IBM、HP		2 台
电缆线	YSPT		800m

六、试验测点布置

1. 全桥结构现状检查

病害调查：对湾店桥上、下行六跨桥的立柱、墩台支座、桥面、空心板等部位进行检查。

2. 静载试验测点布置

根据整桥的现状调查结果，选择病害最严重的上、下行桥第一跨作为试验检测跨。

根据试验目的及桥梁实际情况，应变测点设在跨中截面空心板底面混凝土上，共12个测点（测点编号2-13），第1、14号测点是为了检测空心板中性轴的位置。为了保证试验数据的有效性，每个测点布设2个混凝土应变计，以便于校核。挠度测点布设在跨中截面每块空心板板底，共12个测点（测点编号5-16）。设支座沉降观测点4个（测点编号1-4）。桥墩沉降量观测测点设在桥墩立柱入地面处，共2个测点（测点编号17-18）。测点布置见图7-1。

3. 动载实验测点布置

在跨中截面第七块板（从东侧起）空心板板底布置一个动态位移测点，记录桥梁结构在移动汽车荷载作用下动位移时程曲线。

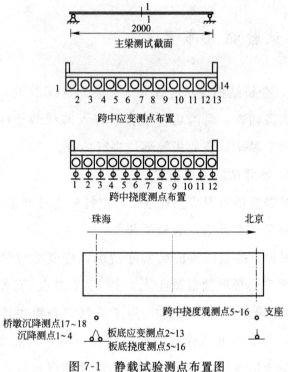

图 7-1　静载试验测点布置图

在跨中截面处的桥面两侧分别布置加速度传感器，共 2 个测点。

七、试验加载方案的确定和加载分级

为达到桥梁承载力鉴定目的，荷载工况选择应反映桥梁设计的最不利受力状态。简支板桥常见的荷载试验工况有：跨中最大弯矩工况；L/4 最大正弯矩工况；支点最大剪力工况；桥墩最大竖向反力工况。考虑到如下因素：尽量减少对交通的干扰、桥梁加固工期紧张、荷载试验允许时间短，本次试验仅采用跨中最大弯矩工况。考虑到该桥上、下行方向桥面空心板均存在严重的单板受力情况，增加工况2—单板受力工况。

1. 试验车辆的确定

本次试验选用300kN(车重＋荷重)的重车4辆，使其与汽车—超20级的重车产生的荷载效应相当。试验前应对每辆车严格过磅，称重误差应小于5%。试验车辆的型号、轴距、外观尺寸与轴重见图7-2及表7-4。

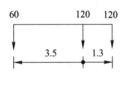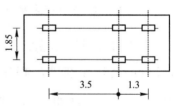

图 7-2 试验用加载车辆尺寸(单位：m)

试验用加载车型号、轴距及重力表　　　表 7-4

编号	车型、车牌号	轴重(kN)			总重(kN)
		前轴	中轴	后轴	
1	神河、豫 A38329	61.8	119.8	119.8	301.4
2	神河、豫 A40013	58.6	121.2	121.2	301.0
3	神河、豫 A40871	59.4	119.5	119.5	298.4
4	神河、豫 A38883	60.8	120.2	120.2	301.2

2. 加载车辆的布置及荷载分级

1）跨中最大弯矩工况

车辆荷载加载分级的方法较多，本次试验考虑到该桥为高速公路桥梁，为了减少对交通的干扰，缩短道路封闭时间，采用加载车在内力影响线内移动位置的办法进行荷载分级。横桥向采用 2 列车队中载布置，见图 7-3。

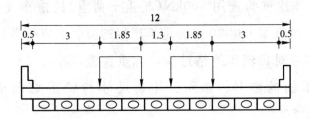

图 7-3　试验荷载横桥向中载布置（单位：m）

荷载的分级采用纵向车列的移位来控制。考虑到试验时间及操作的难易程度，加载共分 5 级。分别达到汽车超—20 标准荷载效应（跨中弯矩）的 70％、83％、91％、104％、113％，保证了试验荷载的效率。各级荷载的纵向布置见图 7-4。

2）单板受力工况

为了检验该桥上、下行单板受力状况，对于上行桥（东侧），选取两侧企口缝混凝土完全脱落的第 6 块板（从东侧数起）做单板受力测试；对于下行桥（西侧），由于第 6、7、8（从东侧数起）连续三块板板间企

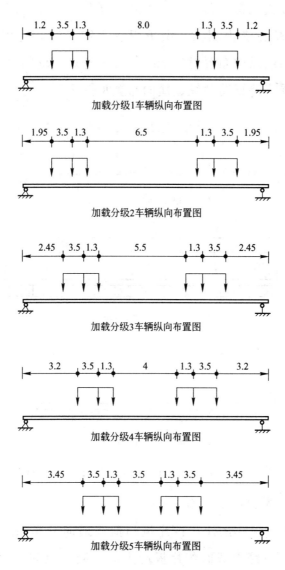

图 7-4　跨中最大弯矩工况加载车辆布置图(单位：m)

口缝混凝土都全部脱落，因此选择第8块板（从东侧数起）做单板受力测试。做单板受力测试时，选用一列车，荷载纵向布置对应于跨中最大弯矩工况的第4级。单板受力测试荷载纵、横向布置见图7-5。

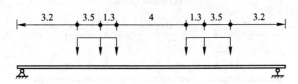

单板受力测试加载车辆纵向布置

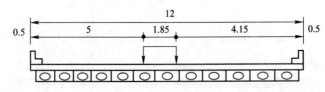

上行桥(东侧)单板受力测试荷载横向布置

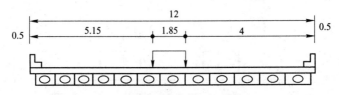

下行桥(西侧)单板受力测试荷载横向布置

图7-5　单板受力工况加载车辆布置图（单位：m）

3. 静载试验荷载效率

按铰接板法计算各片板的荷载横向分布系数，试验荷载对跨中截面各片板产生的荷载效应和汽车—超20级标准荷载效应的最大值汇总列于表7-5中。

板号	试验荷载下的弯矩计算值(kN·m) ①	标准荷载下的弯矩计算值(kN·m)②	试验荷载效率①/②
1	288.0	401.6	72%
2	297.9	399.8	75%
3	319.7	390.8	82%
4	347.6	376.5	92%
5	367.4	360.3	102%
6	377.3	333.2	113%

试验荷载效应与设计标准荷载效应对比　　表 7-5

4. 桥梁动载试验

动载试验采用一辆300kN的载重汽车作为动力试验荷载，在桥梁的跨中部位桥面上放置一块20cm高的三角垫木，利用车轮的突然下落对桥梁产生冲击作用，使桥梁做有阻尼的自由衰减振动。桥梁的强迫振动采用一辆300kN的载重汽车，分别以30km/h、40km/h、50km/h的速度通过桥梁激振。

八、数据测读规程及试验终止条件

1. 数据测读规程

1）位移数据采取仪器存储与人工记录两种方式，便于核对数据。

2）试验过程中每施加一级荷载，读数稳定后开始读第一次数，时间间隔5min后，再读一次。每级荷载持荷时间不少于 30min。

3）荷载全部卸载完毕后，30min 后再读取读数。以利于结构充分弹性恢复。

2. 试验的终止条件

1）当控制截面测点挠度值超过规范允许值时。

2）控制测点应力值已达到计算控制应力时。

3）由于加载，使桥跨结构裂缝的宽度、长度急剧增加，新裂缝大量出现，裂缝宽度超过允许值时。

4）发生其他损坏，影响桥梁承载能力或正常使用时。

5）试验荷载已达到加载方案设计值时。

九、全桥病害调查结果及原因分析

1. 桥面系检查

桥面铺装：桥面出现沿空心板企口缝的纵向裂缝，甚至是坑槽，桥面沥青铺装层局部网裂，有松散、坑槽、车辙等病害，尤以北侧第一跨为最甚，下行桥（西侧）第一跨桥面 3 条纵向坑槽长度达 10m 以上。

桥面排水功能较差，雨水沿纵向板缝下渗严重。

2. 上部结构

空心板板间企口逢混凝土开裂、脱落，企口缝上部铰缝构造处混凝土完全压碎。板与板间失去横向联系。从桥下看，板间企口缝混凝土出现整跨开裂脱落。板缝填料与桥面铺装材料沿板缝散落于桥下。

少部分混凝土空心板钢筋保护层厚度不足。

由于部分空心板板间横向联系减弱，甚至失去横向联系，在行车荷载反复作用下，部分空心板有竖向塑性变形。

3．支座与下部结构

由于桥面排水不畅，雨水沿桥台胸墙下泄，桥台胸墙混凝土有锈蚀。桥台片石护坡局部水损坏。桥台橡胶支座有滑移的趋势。

病害类型及位置汇总列于表7-6。

湾店桥(上、下行)病害类型及位置　　　表 7-6

病　害　类　型	位　　　置
桥面局部网裂，面层松散及坑槽、车辙	全桥，以北侧第一跨为最甚
沿企口缝纵向裂缝、坑槽	上行桥第一跨第 6、7 块板间。下行桥第一跨第 6、7、8 空心板间（东侧起）
板间企口缝混凝土出现整跨开裂脱落	上行桥第一跨第 6、7 块空心板间。下行桥第一跨第 6、7、8 空心板间
空心板塑性竖向变形	下行桥第一跨第 6、7、8 块空心板
桥台胸墙混凝土水锈蚀	上、下行桥 4 个桥台
桥台支座橡胶板有滑移趋势	上、下行北侧桥台支座

4．病害原因分析

薄弱的桥面混凝土铺装：桥面混凝土铺装设计厚度仅 8cm。施工时甚至该设计厚度也难以保证；

薄弱的空心板板间企口缝构造：企口缝混凝土铰上缘宽 6cm，中间宽 11cm，缝深仅 14cm，板间缝仅宽 1cm，填缝料细粒式混凝土强度难以保证。

桥面排水功能较差。

十、湾店立交桥静载试验结果

1．试验加载程序

荷载试验的程序：加载分级 1→加载分级 2→加载分级 3→加载分级 4→加载分级 5→卸载至第 3 级→卸载至第 1 级→卸完→单列车第四级→全部卸载。

2．上行桥（东侧）静载试验现场实测数据见表 7-7～表 7-10。

湾店立交桥上行（东侧）加固前各位移测点实测值（mm） 表 7-7

测点	加载第 1 级	加载第 2 级	加载第 3 级	加载第 4 级	卸载至 2 级	卸载至 1 级	卸完	单列车4 级	全部卸载
1	−0.61	−0.67	−0.71	−0.78	−0.73	−0.69	−0.13	−0.08	−0.01
2	−0.64	−0.69	−0.73	−0.8	−0.74	−0.69	−0.06	−0.12	−0.02
3	−1.09	−1.17	−1.24	−1.25	−1.18	−1.04	−0.13	−1.35	−0.10
4	−0.47	−0.51	−0.56	−0.62	−0.57	−0.54	−0.11	−0.52	−0.06
5	−3.04	−3.42	−3.66	−3.91	−3.42	−3.1	−0.16	−0.57	−0.18
6	−3.71	−4.22	−4.53	−4.84	−4.26	−3.88	−0.26	−0.75	−0.18

测点	加载 第1级	加载 第2级	加载 第3级	加载 第4级	卸载 至2级	卸载 至1级	卸完	单列车 4级	全部 卸载
7	−4.33	−4.91	−5.27	−5.67	−5.00	−4.57	−0.30	−0.94	−0.16
8	−6.18	−6.95	−7.49	−8.06	−7.10	−6.53	−0.35	−1.44	−0.22
9	−6.99	−7.81	−8.4	−9.00	−7.96	−7.28	−0.30	−1.81	−0.17
10	−7.12	−7.93	−8.52	−9.14	−8.10	−7.4	−0.29	−2.10	−0.13
11	−7.30	−8.02	−8.67	−9.32	−8.33	−7.57	−0.31	−8.04	−0.49
12	−6.72	−7.4	−8.02	−8.64	−7.71	−6.99	−0.32	−7.57	−0.45
13	−5.64	−6.23	−6.77	−7.31	−6.49	−5.87	−0.33	−6.4	−0.33
14	−4.42	−4.87	−5.28	−5.69	−5.08	−4.62	−0.38	−3.84	−0.18
15	−3.14	−3.47	−3.82	−4.12	−3.67	−3.34	−0.22	−3.68	−0.29
16	−3.22	−3.49	−3.72	−4.17	−4.06	−3.69	−0.28	−4.13	−0.35
17	−0.03	0	0.01	−0.03	−0.04	−0.04	0	−0.03	0.01
18	0.01	0	0.01	0.05	−0.06	0	0.05	0	0

湾店立交桥上行(东侧)加固前各应变测点实测值($\mu\varepsilon$) 表7-8

测点	加载 第1级	加载 第2级	加载 第3级	加载 第4级	卸载 至2级	卸载 至1级	卸完	单列车 4级	全部 卸载
1	17	23	26	37	36	34	0	3	6
2	17	23	27	36	31	30	0	6	3
3	17	23	27	37	34	31	4	7	3
4	26	31	36	47	40	36	1	12	3
5	31	40	47	61	49	43	9	7	6
6	30	37	44	60	50	44	6	9	0
7	46	54	64	84	72	66	10	54	−3
8	43	49	54	69	60	56	9	41	3
9	33	37	40	56	46	40	−3	41	3
10	29	33	36	44	40	36	−1	21	1
11	23	29	34	43	41	37	3	13	6
12	23	26	29	33	30	27	−3	11	0

湾店立交桥上行(东侧)加固后试验各位移测点实测值(mm) 表 7-9

测点	加载第1级	加载第2级	加载第3级	加载第4级	加载第5级	卸载至3级	卸载至1级	卸完	单列车4级	全部卸载
1	-0.37	-0.4	-0.43	-0.46	-0.46	-0.41	-0.37	0.00	-0.25	0.00
2	-0.41	-0.44	-0.48	-0.5	-0.51	-0.45	-0.42	0.00	-0.25	0.00
3	-0.39	-0.44	-0.51	-0.58	-0.60	-0.52	-0.47	0.02	-0.38	-0.05
4	-0.35	-0.39	-0.42	-0.44	-0.44	-0.4	-0.37	0.00	-0.17	0.00
5	-2.84	-3.17	-3.38	-3.65	-3.74	-3.18	-2.85	0.05	-1.40	0.00
6	-2.75	-3.08	-3.28	-3.56	-3.65	-3.09	-2.75	0.11	-1.71	-0.01
7	-2.61	-2.96	-3.17	-3.46	-3.55	-2.98	-2.61	0.10	-1.96	-0.02
8	-3.00	-3.41	-3.67	-4.03	-4.12	-3.44	-3.02	0.20	-2.31	-0.08
9	-2.95	-3.38	-3.66	-4.03	-4.12	-3.40	-2.96	0.12	-2.12	-0.01
10	-3.73	-4.27	-4.60	-5.05	-5.15	-4.30	-3.75	0.16	-2.63	0.00
11	-3.43	-3.94	-4.23	-4.66	-4.75	-3.95	-3.42	0.18	-2.29	0.00
12	-3.36	-3.85	-4.16	-4.57	-4.67	-3.9	-3.40	0.13	-2.16	-0.01
13	-3.18	-2.63	-3.92	-4.28	-4.35	-3.66	-3.21	0.13	-1.95	0.01
14	-3.01	-3.45	-3.69	-4.02	-4.07	-3.44	-3.04	0.11	-1.83	-0.04
15	-2.7	-3.07	-3.27	-3.56	-3.6	-3.07	-2.70	0.19	-1.57	-0.04
16	-2.11	-2.35	-2.28	-2.52	-2.55	-2.12	-1.83	0.02	-1.29	0.07
17	-0.05	-0.05	-0.07	-0.07	-0.07	-0.07	-0.06	0	-0.05	0.01
18	0.12	0.16	0.10	0.09	0.08	0.08	0.09	0.10	0.00	0.01

湾店立交桥上行(东侧)加固后试验各应变测点实测值($\mu\varepsilon$) 表 7-10

测点	加载第1级	加载第2级	加载第3级	加载第4级	加载第5级	卸载至3级	卸载至1级	卸完	单列车4级	全部卸载
1	1	8	12	15	17	10	7	2	10	2
2	3	3	5	14	19	7	5	1	12	2
3	2	3	7	13	20	5	2	1	13	2

测点	加载第1级	加载第2级	加载第3级	加载第4级	加载第5级	卸载至3级	卸载至1级	卸完	单列车4级	全部卸载
4	2	5	8	16	22	8	5	1	12	0
5	5	8	12	17	25	12	8	3	15	2
6	13	17	23	28	33	20	8	2	17	3
7	15	20	27	31	37	22	15	2	14	2
8	18	23	27	33	35	25	20	2	12	2
9	7	10	15	22	27	15	8	2	13	2
10	8	13	17	19	25	15	8	2	12	0
11	10	15	17	18	18	15	12	1	13	0
12	5	7	8	12	16	8	5	2	9	2

注：1. 鉴于该桥病害较严重，加固前荷载试验加载至第4级，加固后加载至第5级；

2. 表中所列数字位移以向上为正值，应变以拉应变为正；

3. 表中所列测点序号从西侧排列。

3. 下行桥（西侧）静载试验现场实测数据见表7-11、表7-12。

湾店立交桥下行（西侧）加固前试验各位移测点实测值（mm）　表7-11

测点	加载第1级	加载第2级	加载第3级	加载第4级	加载第5级	卸载至3级	卸载至1级	卸完	单列车4级	全部卸载
1	-0.33	-0.35	-0.37	-0.39	-0.42	-0.34	-0.29	-0.13	-0.15	0.02
2	-1.58	-1.66	-1.77	-1.88	-2.05	-1.98	-1.89	-0.27	-0.20	0.12
3	-1.64	-1.73	-1.86	-1.98	-2.16	-2.03	-1.89	-0.22	-1.06	0.06
4	-0.66	-0.68	-0.72	-0.76	-0.8	-0.75	-0.71	-0.17	-0.02	0.05
5	-1.31	-1.37	-1.58	-1.72	-1.92	-1.38	-1.1	-0.1	-0.69	0.1
6	-2.06	-2.14	-2.4	-2.59	-2.87	-2.10	-1.68	-0.21	-1.02	0.21
7	-3.3	-3.42	-3.8	-4.08	-4.58	-3.40	-2.74	-0.37	-1.64	0.38

测点	加载第1级	加载第2级	加载第3级	加载第4级	加载第5级	卸载至3级	卸载至1级	卸完	单列车4级	全部卸载
8	−14.85	−15.64	−17.34	−18.79	−21.02	−19.21	−17.52	−2.06	−3.01	1.41
9	−9.84	−10.57	−11.99	−13.25	−15.03	−13.12	−11.47	1.34	−20.64	−2.04
10	−13.71	−14.57	−16.25	−17.73	−19.91	−17.75	−15.9	−0.86	−10.47	0.4
11	−15.34	−16.26	−17.91	−19.53	−21.7	−19.87	−18.26	−2.24	−10.77	0.48
12	−7.96	−8.2	−9.85	−10.43	−11.72	−7.86	−6.85	1.07	−2.79	−0.2
13	−7.08	−7.34	−8.02	−8.68	−9.49	−8.45	−7.72	−0.57	−0.86	0.15
14	−2.88	−3.02	−3.36	−3.72	−4.12	−3.39	−2.99	−0.39	−0.45	0.03
15	−2.44	−2.57	−2.88	−3.19	−3.56	−2.96	−2.56	−0.34	−0.44	−0.05
16	−2.06	−2.18	−2.46	−2.72	−3.03	−2.5	−2.24	−0.33	−0.38	−0.09
17	−0.14	−0.13	−0.11	−0.1	−0.08	−0.10	−0.11	−0.07	0.01	0.04
18	−0.02	−0.02	0	0	0.01	0	0	−0.03	0.03	0.04

湾店立交桥下行(西侧)加固前试验各应变测点实测值($\mu\varepsilon$)　表 7-12

板号	加载第1级	加载第2级	加载第3级	加载第4级	卸载至3级	卸载至1级	卸完	单列车4级	全部卸载
1	1	6	6	6	3	1	2	7	1
2	1	9	9	10	6	4	3	10	0
3	10	21	21	26	19	16	4	11	−1
4	100	143	167	226	191	154	10	13	3
5	94	130	141	166	136	114	13	202	6
6	64	86	96	119	100	87	9	73	−3
7	127	150	163	183	159	127	10	102	1
8	27	37	40	49	39	31	6	27	1
9	46	56	60	71	57	49	8	18	1
10	26	39	39	46	30	14	3	17	1
11	30	36	37	43	36	31	4	18	3
12	13	13	13	17	9	6	−1	13	0

4. 西侧混凝土铺装完毕荷载试验（未施加横向预应力）结果见表7-13、表7-14。

西侧加固后（未加预应力）试验各位移测点实测值(mm)　　表7-13

测点	加载第1级	加载第2级	加载第3级	加载第4级	加载第5级	卸载至3级	卸载至1级	卸完	单列车4级	全部卸载
1	−0.41	−0.46	−0.5	−0.56	−0.62	−0.58	−0.55	−0.19	−0.26	−0.01
2	−0.52	−0.58	−0.63	−0.68	−0.75	−0.72	−0.69	−0.23	−0.31	−0.02
3	−0.64	−0.71	−0.77	−0.84	−0.91	−0.88	−0.84	−0.28	−0.39	−0.04
4	−0.44	−0.48	−0.52	−0.58	−0.63	−0.61	−0.59	−0.22	−0.23	−0.02
5	−2.95	−3.42	−3.77	−4.14	−4.36	−4.08	−3.54	−0.54	−2.02	−0.02
6	−3.77	−4.34	−4.78	−5.25	−5.53	−5.2	−4.57	−0.87	−2.61	−0.1
7	−3.86	−4.05	−4.91	−5.41	−5.71	−5.37	−4.71	−0.98	−2.67	−0.12
8	−4.37	−5.09	−5.66	−6.3	−6.68	−6.24	−5.44	−0.81	−3.16	−0.13
9	−4.46	−5.15	−5.68	−6.3	−6.67	−6.23	−5.45	−1.12	−3.36	−0.13
10	−4.27	−5.04	−5.63	−6.33	−6.75	−6.25	−5.38	−0.55	−3.53	−0.17
11	−4.4	−5.17	−5.77	−6.45	−6.87	−6.37	−5.5	−0.59	−3.48	−0.2
12	−4.38	−5.12	−5.66	−6.37	−6.75	−6.29	−5.48	−0.54	−3.41	−0.22
13	−3.72	−4.35	−4.87	−5.46	−5.84	−5.45	−4.71	−0.52	−2.74	−0.19
14	−3.54	−4.21	−4.72	−5.33	−5.73	−5.36	−4.63	−0.34	−2.73	−0.21
15	−3.48	−4.01	−4.43	−4.91	−5.25	−4.96	−4.36	−0.96	−2.07	−0.17
16	−3.37	−3.84	−4.23	−4.64	−5.3	−4.68	−4.17	−0.98	−1.87	−0.18
17	0	0	−0.01	−0.02	−0.01	−0.01	−0.02	−0.01	−0.01	0
18	0.02	0.04	0.05	0.04	0.04	0.04	0.03	0.03	0	0.01

西侧加固后（未加横向预应力）试验各应变测点实测值($\mu\varepsilon$)　　表7-14

测点	加载第1级	加载第2级	加载第3级	加载第4级	加载第5级	卸载至3级	卸载至1级	卸完	单列车4级	全部卸载
1	9	13	13	14	16	13	10	2	10	3
2	23	29	30	33	35	31	26	5	13	1
3	20	26	27	31	33	30	26	7	14	6

测点	加载第1级	加载第2级	加载第3级	加载第4级	加载第5级	卸载至3级	卸载至1级	卸完	单列车4级	全部卸载
4	36	43	46	51	54	50	41	9	30	13
5	43	51	54	61	64	60	53	11	33	13
6	34	41	43	50	57	46	39	10	35	11
7	49	56	60	66	74	66	54	7	27	3
8	37	43	47	54	59	53	41	11	29	13
9	39	50	51	60	64	60	44	13	27	16
10	30	36	36	43	47	40	33	6	25	7
11	30	36	39	44	49	41	33	7	23	9
12	24	29	31	34	39	34	27	4	16	4

5. 张拉过程监测结果见表 7-15～表 7-17。

张拉过程各空心板变位值(mm)　　　表 7-15

测点序号	第一根张拉完毕	第二根张拉完毕	第三根张拉完毕	第四根张拉完毕	第五根张拉完毕	第六根张拉完毕	第七根张拉完毕
1	0.01	0.03	0.04	0.05	0.06	0.07	0.13
2	0.02	0.06	0.09	0.12	0.14	0.18	0.26
3	0.02	0.07	0.11	0.14	0.18	0.21	0.33
4	0	0.03	0.07	0.09	0.11	0.13	0.21
5	−0.1	−0.28	−0.43	−0.62	−0.73	−0.66	−0.49
6	−0.05	−0.09	−0.15	−0.23	−0.25	−0.17	0.03
7	0	0.05	0.1	0.09	0.14	0.21	0.43
8	0.05	0.2	0.35	0.44	0.58	0.71	1.05
9	0.1	0.26	0.45	0.57	0.74	0.89	1.23
10	0.11	0.33	0.57	0.73	0.95	1.13	1.57
11	0.15	0.38	0.66	0.85	1.1	1.32	1.87
12	0.13	0.37	0.63	0.82	1.05	1.25	1.8

测点 序号	第一根 张拉完毕	第二根 张拉完毕	第三根 张拉完毕	第四根 张拉完毕	第五根 张拉完毕	第六根 张拉完毕	第七根 张拉完毕
13	0.09	0.28	0.49	0.64	0.87	0.98	1.45
14	0.07	0.25	0.44	0.57	0.73	0.81	1.39
15	0.01	0.12	0.23	0.31	0.40	0.47	0.80
16	−0.08	−0.05	−0.01	0.05	0.04	0.05	0.27

张拉后各空心板变位值（mm） 表 7-16

板 号	1	2	3	4	5	6	7	8	9	10	11	12
变位值	−0.62	−0.1	0.17	0.79	0.97	1.24	1.54	1.47	1.24	1.18	0.67	0.14

张拉后各应变传感器实测应变值（$\mu\varepsilon$） 表 7-17

传感器编号	26	27	28	29	30	31
应变值	−2	−3	−4	−7	−14	−4

注：1. 表中所列数字位移以向上为正值，应变以拉应变为正；
2. 传感器安装方向与预应力张拉方向一致。

6. 湾店桥下行（西侧）加固后荷载试验结果见表 7-18、表 7-19。

湾店桥下行（西侧）加固后试验各位移测点实测值（mm） 表 7-18

测点	加载 第1级	加载 第2级	加载 第3级	加载 第4级	加载 第5级	卸载 至3级	卸载 至1级	卸完	单列车 4级	全部 卸载
1	−0.33	−0.37	−0.39	−0.41	−0.39	−0.35	−0.27	0.14	−0.22	0.04
2	−0.46	−0.52	−0.55	−0.58	−0.58	−0.54	−0.46	0.08	−0.29	0.06
3	−0.6	−0.66	−0.68	−0.7	−0.69	−0.63	−0.54	0.08	−0.31	0.09
4	−0.34	−0.37	−0.38	−0.37	−0.35	−0.31	−0.23	0.18	−0.15	0.09
5	−2.63	−3.06	−3.44	−3.77	−3.94	−3.65	−3.12	−0.13	−2.17	−0.29

测点	加载第1级	加载第2级	加载第3级	加载第4级	加载第5级	卸载至3级	卸载至1级	卸完	单列车4级	全部卸载
6	−3.21	−3.74	−4.14	−4.51	−4.67	−4.3	−3.63	0	−2.45	−0.06
7	−3.38	−3.93	−4.35	−4.74	−4.86	−4.47	−3.71	0.13	−2.5	0.11
8	−4.23	−4.9	−5.41	−5.9	−6.04	−5.57	−4.64	0.14	−3.13	0.24
9	−4.13	−4.83	−5.33	−5.84	−5.95	−5.47	−4.57	−0.06	−3	0.23
10	−4.62	−5.37	−5.93	−6.27	−6.38	−6.05	−5.02	−0.04	−3.29	0.27
11	−4.97	−5.75	−6.29	−6.39	−6.56	−6.41	−5.38	−0.08	−3.39	0.34
12	−4.65	−5.32	−5.81	−6.3	−6.4	−5.89	−4.89	0.09	−2.99	0.38
13	−4.04	−4.62	−5.02	−5.46	−5.54	−5.05	−4.17	0.26	−2.45	0.34
14	−3.84	−4.37	−4.7	−5.07	−5.09	−4.6	−3.72	0.68	−2.3	0.38
15	−3.1	−3.51	−3.77	−4.05	−4.05	−3.63	−2.89	0.68	−1.73	0.31
16	−2.83	−3.19	−3.37	−3.6	−3.56	−3.2	−2.53	0.8	−1.49	0.33
17	−0.03	−0.02	−0.01	0	0.01	0.02	0.03	0.03	0.02	0.05
18	0.01	0.02	0.04	0.07	0.11	0.12	0.14	0.15	0.03	0.06

下行（西侧）加固后试验各应变测点实测值（$\mu\varepsilon$）　　　　表 7-19

测点	加载第1级	加载第2级	加载第3级	加载第4级	加载第5级	卸载至3级	卸载至1级	卸完	单列车4级	全部卸载
1	8	8	12	12	13	10	3	−3	8	3
2	15	18	20	22	20	13	3	−6	17	−5
3	18	20	22	23	23	17	8	−7	15	3
4	17	20	23	25	27	20	8	−8	13	5
5	18	20	22	23	25	18	7	−7	32	−7
6	27	30	30	35	37	25	10	−9	23	3
7	33	37	35	38	47	28	10	−8	30	−5

测点	加载第1级	加载第2级	加载第3级	加载第4级	加载第5级	卸载至3级	卸载至1级	卸完	单列车4级	全部卸载
8	25	27	27	32	33	22	2	−11	23	−8
9	20	23	22	25	27	20	10	−9	17	0
10	23	27	27	28	28	20	10	−12	15	−5
11	30	32	28	30	28	22	10	−7	18	−3
12	18	19	21	23	24	30	12	−5	12	2

注：1. 鉴于该桥病害很严重，加固前荷载试验加载至第 4 级，加固
后加载至第 5 级；
2. 表中所列数字位移以向上为正值，应变以拉应变为正；
3. 表中板号及测点序号从西侧排列。

十一、湾店立交桥静载试验结果分析

1. 湾店立交桥上行(东侧)试验结果分析见表 7-20～
表 7-22。

东侧各空心板跨中断面挠度数据分析表　　表 7-20

加固前试验荷载下的最大挠度(mm)											
板　号	1	2	3	4	5	6	7	8	9	10	11	12
加载第 4 级	3.13	4.06	4.87	7.26	8.20	7.89	8.07	7.39	6.69	5.07	3.50	3.55
理论计算值	10.68	11.05	11.86	12.90	13.64	14.01	14.01	13.64	12.90	11.86	11.05	10.68
校验系数	0.293	0.368	0.411	0.563	0.601	0.563	0.576	0.542	0.519	0.427	0.317	0.333
卸载完毕	0.03	0.13	0.24	0.29	0.24	0.16	0.18	0.19	0.22	0.27	0.11	0.17
加固后试验荷载下的最大挠度(mm)											
板　号	1	2	3	4	5	6	7	8	9	10	11	12
加载第 4 级	3.19	3.1	2.96	3.53	3.56	4.47	4.08	3.99	3.84	3.58	3.12	2.08

加固后试验荷载下的最大挠度(mm)

加载第5级	3.28	3.19	3.04	3.61	3.67	4.55	4.15	4.07	3.91	3.63	3.16	2.11
理论计算值	10.95	11.33	12.17	13.23	13.99	14.37	14.37	13.99	13.23	12.17	11.33	10.95
校验系数	0.300	0.282	0.250	0.273	0.262	0.317	0.289	0.291	0.296	0.298	0.279	0.193
卸载完毕	0.05	0.11	0.10	0.20	0.12	0.16	0.18	0.13	0.12	0.18	0.19	0.12

上行(东侧)各空心板跨中断面应变数据分析表　　表7-21

加固前各空心板跨中断面的最大应变($\mu\varepsilon$)

板　　号	1	2	3	4	5	6	7	8	9	10	11	12
加载第4级	37	36	37	47	61	60	84	69	56	44	43	33
理论计算值	102	106	114	124	131	134	134	131	124	114	106	102
校验系数	0.363	0.340	0.325	0.379	0.466	0.448	0.627	0.527	0.452	0.386	0.406	0.324
卸载完毕	0	0	4	1	9	6	10	9	−3	−1	3	−3

加固后各空心板跨中断面的最大应变($\mu\varepsilon$)

板　　号	1	2	3	4	5	6	7	8	9	10	11	12
加载第4级	15	14	13	16	17	28	31	33	22	19	18	12
加载第5级	17	19	20	22	25	33	37	35	27	25	18	16
理论计算值	107	110	118	129	136	140	140	136	129	118	110	107
校验系数	0.159	0.173	0.169	0.171	0.184	0.236	0.264	0.257	0.209	0.212	0.164	0.150
卸载完毕	2	1	1	1	3	2	2	2	2	2	1	2

各空心板跨中断面横向分布系数分析表　　表7-22

加固前横向分布系数

板　　号	1	2	3	4	5	6	7	8	9	10	11	12
挠度横向分布系数	0.090	0.117	0.140	0.208	0.235	0.226	0.232	0.212	0.192	0.146	0.100	0.102
应变横向分布系数	0.122	0.119	0.122	0.155	0.201	0.198	0.277	0.227	0.185	0.145	0.142	0.109
理论横向分配系数	0.144	0.149	0.160	0.174	0.184	0.189	0.189	0.184	0.174	0.160	0.149	0.144

板 号	加固后横向分布系数											
	1	2	3	4	5	6	7	8	9	10	11	12
挠度横向分布系数	0.155	0.151	0.143	0.170	0.173	0.215	0.196	0.192	0.185	0.171	0.149	0.100
应变横向分布系数	0.116	0.129	0.136	0.150	0.170	0.224	0.252	0.238	0.184	0.170	0.122	0.109
理论横向分配系数	0.144	0.149	0.160	0.174	0.184	0.189	0.189	0.184	0.174	0.160	0.149	0.144

2. 湾店立交桥上行(东侧)加固前和加固后的横向分布系数分析图分别见图 7-6 和图 7-7。

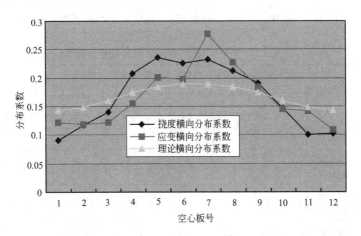

图 7-6　湾店立交桥上行(东侧)加固前横向分布系数分析图

3. 单板受力工况试验结果及横向分布分析

1) 湾店立交桥上行(东侧)单板受力工况横向分布分析表见表 7-23。

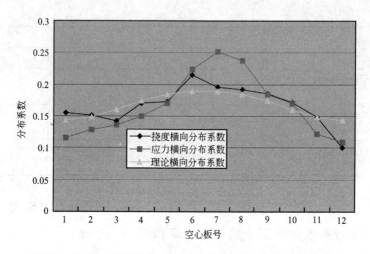

图 7-7 湾店立交桥上行(东侧)加固后横向分布系数分析图

湾店立交桥上行(东侧)单板受力工况横向分布分析表　　表7-23

加固前各空心板单板受力最大挠度(mm)、应变(με)												
板　号	1	2	3	4	5	6	7	8	9	10	11	12
挠　度	0.49	0.67	0.82	1.32	1.69	1.98	6.69	6.22	5.05	2.32	3.16	3.61
应　变	3	6	7	12	7	9	54	41	41	21	13	11
挠度横向分布	0.014	0.020	0.024	0.039	0.050	0.058	0.197	0.183	0.148	0.068	0.093	0.106
应变横向分布	0.013	0.027	0.031	0.053	0.031	0.040	0.240	0.182	0.182	0.093	0.058	0.049
理论横向分布	0.074	0.076	0.082	0.091	0.101	0.104	0.100	0.091	0.079	0.072	0.067	0.064
加固后各空心板单板受力最大挠度(mm)、应变(με)												
板　号	1	2	3	4	5	6	7	8	9	10	11	12
挠　度	1.15	1.46	1.71	2.06	1.87	2.25	1.91	1.78	1.82	1.66	1.40	1.12
应　变	10	12	13	12	15	17	14	12	13	12	13	9

加固后各空心板单板受力最大挠度(mm)、应变(με)											
挠度横向分布	0.057	0.072	0.085	0.102	0.093	0.111	0.095	0.088	0.090	0.082	0.069	0.055
应变横向分布	0.066	0.079	0.086	0.079	0.099	0.112	0.092	0.079	0.086	0.079	0.086	0.059
理论横向分布	0.073	0.076	0.082	0.091	0.101	0.104	0.100	0.091	0.079	0.072	0.066	0.064

2）上行（东侧）加固前单板受力工况横向分布系数分析图见图 7-8。

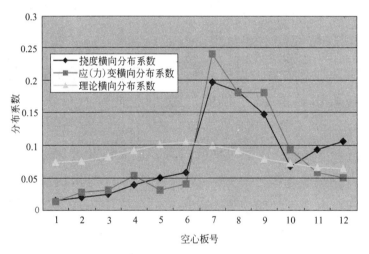

图 7-8　上行（东侧）加固前单板受力工况横向分布系数分析图

3）上行（东侧）加固后单板受力工况横向分布系数分析图见图 7-9。

4. 湾店立交桥上行（东侧）静载试验结果评定

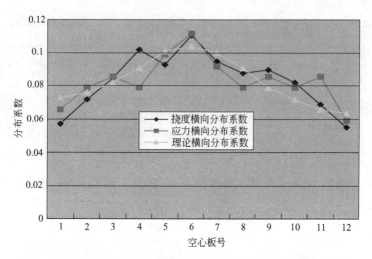

图 7-9　上行(东侧)加固后单板受力工况横向分布系数分析图

1) 加固后主板跨中断面挠度及板底混凝土应力均较加固前有较大程度的减小，加固前最大挠度 8.20mm，应变 84μ；加固后最大挠度 4.55mm，最大应变 37μ。挠度平均减小 39％，最大幅度达 55％。应力(变)平均减小 52％，最大 59％。说明用横向体外预应力技术加固该桥，取得了很好的效果。

2) 加固前挠度校验系数 η 最大值 0.601，应力(变)校验系数 η 最大值 0.627；加固后挠度校验系数 η 最大值 0.317，应力(变)校验系数 η 最大值 0.264，均小于 1。说明该桥通过加固安全储备更大。但加固前后 η 值均偏小，主要原因是理论计算值偏大，未计入桥面铺装的作用。

3）从横向分布系数对比图可以看出，加固前挠度、应力横向分布系数较理论计算值差异较大，加固后与理论计算值比较吻合，说明采取的加固措施加强了空心板之间的整体连接性能，横向分布系数更接近于理论计算值，提高了桥梁的横向刚度及横向稳定性。

4）通过单板受力工况试验，从图 7-7、图 7-8 可以看出，加固前该桥的单板受力特征比较明显，即直接承受车轮荷载作用的空心板承担了超过原设计的较大的荷载份额，但加固后，单板受力现象已不存在。

5）测量的残余变形值（S_P）与测量的总变形值（S_t）的最大比值：加固前 $S_P/S_t = 0.05$（5％），加固后 $S_P/S_t = 0.06$（6％）均小于 0.25（25％）。说明桥梁处于良好的弹性工作状况。

6）根据中华人民共和国交通部部标准《公路钢筋混凝土及预应力混凝土桥涵设计规范》（JTGD 62—2004）的规定，对于钢筋混凝土梁（板）式桥，跨中各测点的挠度均应小于 $L/600$。具体于本桥，加固前、后各测点的跨中挠度应小于 32.5mm。从测试结果看，满足桥规的规定。该桥的结构刚度满足要求。

7）从表 7-7 可以看出，在试验荷载作用下，桥墩、桥台沉降很小，最大值 0.12mm，说明地基与基础在试验荷载作用下完全能正常工作。

8) 在试验荷载作用下，支点(座)都有一定的沉降量，加固前 1.25mm，加固后最大值 0.60mm，但卸载后都能弹性恢复。

9) 在试验各级荷载作用下，空心板板底及板侧均未发现开裂现象，说明构件抗裂性能较好。

5. 湾店立交桥下行(西侧)试验结果分析

1) 湾店立交桥下行(西侧)加固前后各空心板跨中断面挠度数据分析表见表7-24。

各空心板跨中断面挠度数据分析表(mm)　　表7-24

加固前各空心板最大挠度(mm)												
板　　号	1	2	3	4	5	6	7	8	9	10	11	12
加载第4级	1.50	2.45	4.16	18.97	12.98	17.75	19.54	9.56	8.69	3.70	3.14	2.61
理论计算值	10.68	11.05	11.86	12.90	13.64	14.01	14.01	13.64	12.90	11.86	11.05	10.68
校验系数	0.140	0.222	0.351	1.471	0.952	1.267	1.395	0.701	0.674	0.312	0.284	0.244
卸载完毕	−0.03	0.08	0.24	1.79	0.39	0.64	2.02	0.07	0.40	0.26	0.21	0.20
加固后(未加横向预应力)各空心板最大挠度(mm)												
板　　号	1	2	3	4	5	6	7	8	9	10	11	12
加载第4级	3.58	4.69	4.85	5.62	5.62	5.49	5.61	5.53	4.88	4.75	4.33	4.06
加载第5级	3.74	4.91	5.09	5.93	5.92	5.84	5.96	5.84	5.21	5.1	4.62	4.67
理论计算值	10.95	11.33	12.17	13.23	13.99	14.37	14.37	13.99	13.23	12.17	11.33	10.95
校验系数	0.342	0.433	0.418	0.448	0.423	0.406	0.415	0.417	0.394	0.419	0.408	0.426
卸载完毕	0.35	0.68	0.79	0.58	0.89	0.27	0.3	0.26	0.3	0.12	0.74	0.76
加固后各空心板最大挠度(mm)												
板　　号	1	2	3	4	5	6	7	8	9	10	11	12
加载第4级	3.36	4.10	4.33	5.32	5.26	5.57	5.69	5.60	5.09	4.70	3.68	3.23
加载第5级	3.55	4.28	4.47	5.46	5.37	5.69	5.87	5.71	5.19	4.74	3.70	3.21

加固后各空心板最大挠度(mm)											
理论计算值	10.95	11.33	12.17	13.23	13.99	14.37	14.37	13.99	13.23	12.17	11.33	10.95
校验系数	0.324	0.378	0.367	0.413	0.384	0.396	0.408	0.408	0.392	0.389	0.327	0.293
卸载完毕	0.27	0.14	0.01	0.06	0.14	0.12	0.16	0.01	−0.08	−0.50	−0.50	−0.62

2）湾店立交桥下行（西侧）加固前后各空心板跨中断面应变数据分析表见表7-25，横向分布系数分析表见表7-26。

各空心板跨中断面应变数据分析表　　表 7-25

加固前各空心板跨中断面的最大应变($\mu\varepsilon$)											
板　号	1	2	3	4	5	6	7	8	9	10	11	12
加载第4级	6	10	26	226	166	119	183	49	71	46	43	17
理论计算值	102	106	114	124	131	134	134	131	124	114	106	102
校验系数	0.059	0.094	0.228	1.823	1.267	0.888	1.366	0.374	0.573	0.404	0.406	0.167
卸载完毕	2	3	4	10	13	9	10	6	8	3	4	−1

加固后（未加横向预应力）各空心板最大应变($\mu\varepsilon$)											
板　号	1	2	3	4	5	6	7	8	9	10	11	12
加载第4级	14	33	31	51	61	50	66	54	60	43	44	34
加载第5级	16	35	33	54	64	57	74	59	64	47	49	39
理论计算值	107	110	118	129	136	140	140	136	129	118	110	107
校验系数	0.150	0.318	0.280	0.419	0.471	0.407	0.529	0.434	0.496	0.398	0.445	0.364
卸载完毕	2	5	7	9	11	10	7	11	13	6	7	4

加固后各空心板跨中断面的最大应变($\mu\varepsilon$)											
板　号	1	2	3	4	5	6	7	8	9	10	11	12
加载第4级	12	22	23	25	23	35	38	32	25	28	30	23
加载第5级	13	20	23	27	25	37	47	33	27	28	28	24

加固后各空心板跨中断面的最大应变($\mu\varepsilon$)											
理论计算值	107	110	118	129	136	140	140	136	129	118	110	107
校验系数	0.121	0.182	0.195	0.209	0.184	0.264	0.336	0.243	0.209	0.237	0.255	0.224
卸载完毕	-3	-6	-7	-8	-7	-9	-8	-11	-9	-12	-7	-5

各空心板跨中断面横向分布系数分析表 表7-26

加固前横向分布系数												
板 号	1	2	3	4	5	6	7	8	9	10	11	12
挠度横向分布系数	0.029	0.047	0.079	0.361	0.247	0.338	0.372	0.182	0.165	0.070	0.060	0.050
应变横向分布系数	0.012	0.021	0.054	0.470	0.345	0.247	0.380	0.102	0.148	0.096	0.089	0.035
理论横向分配系数	0.144	0.149	0.160	0.174	0.184	0.189	0.189	0.184	0.174	0.160	0.149	0.144

加固后横向分布系数												
板 号	1	2	3	4	5	6	7	8	9	10	11	12
挠度横向分布系数	0.124	0.150	0.156	0.191	0.188	0.199	0.205	0.200	0.181	0.166	0.129	0.112
应变横向分布系数	0.076	0.139	0.146	0.158	0.146	0.222	0.241	0.203	0.158	0.177	0.190	0.146
理论横向分配系数	0.144	0.149	0.160	0.174	0.184	0.189	0.189	0.184	0.174	0.160	0.149	0.144

3）湾店立交桥下行（西侧）加固前横向分布系数分析图见图7-10。

4）湾店立交桥下行（西侧）加固后横向分布系数分析图见图7-11。

6.湾店立交桥下行（西侧）单板受力工况横向分布分析

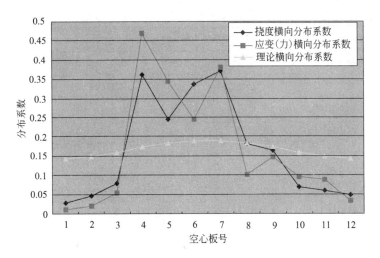

图 7-10　湾店立交桥下行(西侧)加固前横向分布系数分析图

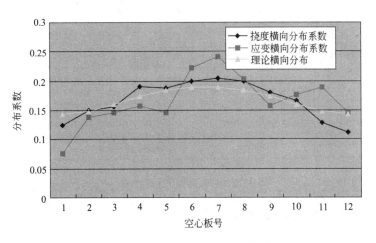

图 7-11　湾店立交桥下行(西侧)加固后横向分布系数分析图

　　1)湾店立交桥下行(西侧)单板受力工况横向分布分析表见表 7-27。

湾店立交桥下行(西侧)单板受力工况横向分布分析表 表 7-27

加固前各空心板单板受力最大挠度(mm)、应变($\mu\varepsilon$)

板 号	1	2	3	4	5	6	7	8	9	10	11	12
挠 度	0.54	0.87	1.49	2.81	19.58	9.71	9.41	2.71	0.84	0.43	0.42	0.36
应 变	7	10	11	13	202	73	102	27	18	17	18	13
挠度横向分布	0.011	0.018	0.030	0.057	0.398	0.197	0.191	0.055	0.017	0.009	0.009	0.007
应变横向分布	0.014	0.020	0.022	0.025	0.395	0.143	0.200	0.053	0.035	0.033	0.035	0.025
理论横向分布	0.075	0.078	0.085	0.094	0.102	0.105	0.099	0.088	0.077	0.070	0.065	0.062

加固后各空心板单板受力最大挠度(mm)、应变($\mu\varepsilon$)

板 号	1	2	3	4	5	6	7	8	9	10	11	12
挠 度	1.76	2.35	2.41	2.85	3.05	3.14	3.09	3.02	2.51	2.50	1.84	1.64
应 变	8	17	15	21	32	23	30	23	17	15	13	12
挠度横向分布	0.058	0.078	0.080	0.094	0.101	0.104	0.102	0.100	0.083	0.083	0.061	0.054
应变横向分布	0.035	0.075	0.066	0.093	0.142	0.102	0.133	0.102	0.075	0.066	0.058	0.053
理论横向分布	0.075	0.078	0.085	0.094	0.102	0.105	0.099	0.088	0.077	0.070	0.065	0.062

2)湾店立交桥下行(西侧)加固前单板受力工况横向分布分析图见图 7-12。

3)湾店立交桥下行(西侧)加固后单板受力工况横向分布分析图见图 7-13。

7.张拉过程检测结果

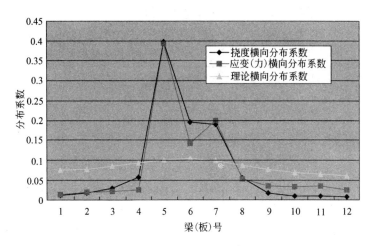

图 7-12　下行(西侧)加固前单板受力工况横向分布系数分析图

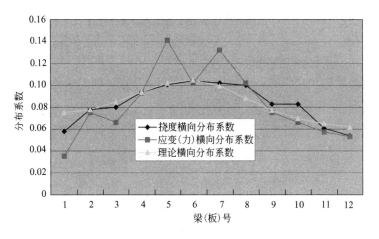

图 7-13　下行(西侧)加固后单板受力工况横向分布系数分析图

　　1)湾店立交桥下行(西侧)张拉过程中各空心板变位值见表7-28。

西侧张拉过程中各空心板变位值(mm)　　　　表 7-28

板号	第一根 张拉完毕	第二根 张拉完毕	第三根 张拉完毕	第四根 张拉完毕	第五根 张拉完毕	第六根 张拉完毕	第七根 张拉完毕
1	−0.11	−0.31	−0.47	−0.67	−0.79	−0.73	−0.62
2	−0.06	−0.12	−0.19	−0.28	−0.31	−0.24	−0.1
3	−0.01	0.02	0.06	0.04	0.08	0.14	0.3
4	0.03	0.14	0.26	0.32	0.44	0.53	0.79
5	0.08	0.2	0.36	0.45	0.6	0.71	0.97
6	0.09	0.26	0.46	0.59	0.77	0.92	1.24
7	0.13	0.31	0.55	0.71	0.92	1.11	1.54
8	0.11	0.3	0.52	0.68	0.87	1.04	1.47
9	0.09	0.25	0.42	0.55	0.76	0.85	1.24
10	0.07	0.22	0.37	0.48	0.62	0.68	1.18
11	0.01	0.09	0.16	0.22	0.29	0.34	0.59
12	−0.08	−0.08	−0.08	−0.04	−0.07	−0.08	0.06

2）湾店立交桥下行（西侧）张拉后各空心板变位值
见表 7-29。

张拉后各空心板变位值(mm)　　　　表 7-29

板号	1	2	3	4	5	6	7	8	9	10	11	12
变位值	−0.62	−0.1	0.30	0.79	0.97	1.24	1.54	1.47	1.24	1.18	0.59	0.06

3）湾店立交桥下行（西侧）张拉后各应变测点实测
应变值见表 7-30。

张拉后各应变测点实测应变值(με)　　　　表 7-30

应变传感器编号	26	27	28	29	30	31
应变值	−2	−3	−4	−7	−14	−4

8. 湾店立交桥下行(西侧)静载试验结果评定

1) 加固后主板跨中断面挠度及板底混凝土应力均较加固前大大减小,加固前最大挠度为 19.54mm、应变为 226μ；加固后最大挠度为 5.87mm，最大应变为 47μ。挠度平均减小 47%、最大减小幅度达 71%。应力(变)平均减小 65%、最大减小幅度达 85%。说明用横向体外预应力技术加固该桥,取得了很好的效果。

2) 加固前挠度校验系数 η 最大值 1.471,应力(变)校验系数 η 最大值 1.823；加固后挠度校验系数 η 最大值 0.413,应力(变)校验系数 η 最大值 0.336。说明该桥加固前没有安全储备,空心板可能发生疲劳损伤出现横向裂缝或者断板,该桥存在安全隐患。但加固后 $\eta < 1$,说明桥梁已有一定的安全储备。

3) 从横向分布系数对比图 7-10、图 7-11 可以看出,加固前挠度、应力横向分布系数较理论计算值差异很大,加固后与理论计算值比较吻合,说明采取的加固措施加强了空心板之间的横向连接性能,横向分布系数接近于理论计算值。说明桥梁的横向刚度及横向稳定性均符合设计和使用要求。

4) 从图 7-12、图 7-13 可以看出,通过单板受力工况试验,加固前该桥的单板受力特征很明显,即直接承受车轮荷载作用的空心板承担了比原设计更大的荷载份额。第 5、6、7 块板承担的荷载总份额为 0.786(78.6%)，说明西侧下行桥的单板受力现象已相当严重，加固以后，单板受力现象已不存在。

5）测量的残余变形值(S_P)与测量的总变形值(S_t)的最大比值：加固前 $S_P/S_t = 0.10(10.0\%)$，加固后 $S_P/S_t = 0.15(15.0\%)$ 均小于 $0.25(25.0\%)$。说明桥梁处于弹性工作状况，但较东侧上行桥差。

6）根据中华人民共和国交通部部标准《公路钢筋混凝土及预应力混凝土桥涵设计规范》(JTJ 023—85)的规定，对于钢筋混凝土梁（板）式桥，跨中各测点的挠度均应小于 $L/600$。具体于本桥，加固前、后各测点的跨中挠度应小于 32.5mm。从测试结果看，满足上述规范的规定。该桥的结构刚度满足要求。

7）从施加横向预应力前后挠度、应变的变化情况看，未施加预应力前的挠度均值为 5.236mm，施加预应力后为 4.77mm，平均减小 9%。未施加预应力前的应变均值为 49μ，施加预应力后为 28μ，减小 43%。

8）从张拉监测过程来看，空心板最大上挠量为 1.54mm，平均为 0.72mm。最大压应变为 14μ，说明空心板下缘混凝土横向已处于受压状态。

9) 在试验荷载作用下，桥墩、桥台沉降很小，最大值 0.15mm，说明地基与基础在试验荷载作用下完全能正常工作。

10) 在试验荷载作用下，支点（座）都有一定的沉降量，加固前的最大值为 2.16mm，加固后的最大值为 0.69mm。卸载后都能弹性恢复，但有一定的残余量。建议适合的时间应更换支座。

11) 在试验各级荷载作用下，空心板板底及板侧混凝土均未出现开裂现象，说明空心板的抗裂性能满足要求。

十二、湾店立交桥动载试验结果分析

桥梁动载试验的目的是通过测试桥梁在动载作用下的响应（位移、应力、应变），分析桥梁的振动频率、阻尼、振型等模态参数，以及与动态增量相关的冲击系数 $1+\mu$。根据动力响应与模态参数进行桥梁承载能力评价。本次荷载试验采用两种动载试验工况：①在混凝土简支板跨中位置布置一块 15cm 的三角垫木，利用车轮的突然下落对桥梁产生冲击作用，激起桥梁的竖向振动。②重载车辆分别以 30km/h、40km/h、50km/h 的速度通过桥面，使桥梁产生强迫振动。

1. 湾店立交桥加固前的振动位移时程曲线见图 7-14、图 7-15。

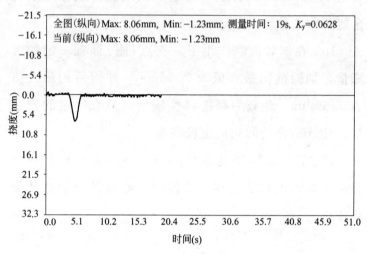

图 7-14　湾店立交桥（上行）加固前振动位移时程曲线（30km/h）

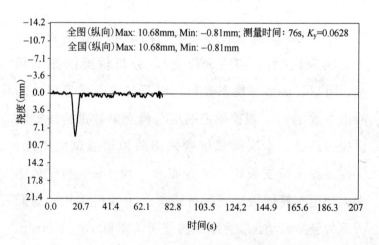

图 7-15　湾店立交桥（下行）加固前振动位移时程曲线（30km/h）

2. 桥梁加固前后动态参数分析

1) 上行（东侧）加固前、后有关参数分析参见图 7-16、图 7-17。

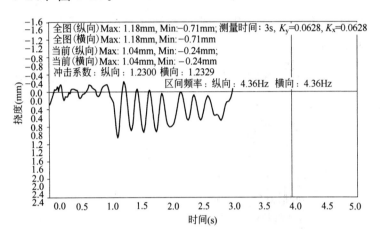

全图（纵向）Max: 1.18mm, Min:−0.71mm; 测量时间：3s, K_y=0.0628, K_x=0.0628
全图（横向）Max: 1.18mm, Min:−0.71mm;
当前（纵向）Max: 1.04mm, Min: −0.24mm;
当前（横向）Max: 1.04mm, Min: −0.24mm
冲击系数：纵向：1.2300 横向：1.2329
区间频率：纵向：4.36Hz 横向：4.36Hz

图 7-16　湾店桥（上行）加固前自动衰减振动图

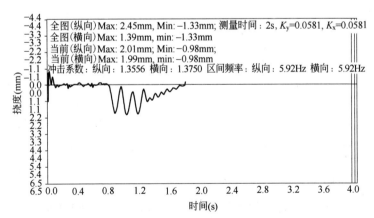

全图（纵向）Max: 2.45mm, Min: −1.33mm; 测量时间：2s, K_y=0.0581, K_x=0.0581
全图（横向）Max: 1.39mm, min: −1.33mm
当前（纵向）Max: 2.01mm; Min: −0.98mm;
当前（横向）Max: 1.99mm, min: −0.98mm
冲击系数：纵向：1.3556 横向：1.3750 区间频率：纵向：5.92Hz 横向：5.92Hz

图 7-17　湾店立交桥（上行）加固后自动衰减振动图

通过对图 7-16 分析后得知：湾店立交桥（上行）加

固前的自振频率 $f_0 = 4.36$、冲击系数 $1+\mu = 1.233$、阻尼比 $\xi = 0.0087$。

通过对图 7-17 分析后得知：湾店桥（上行）加固后的自振频率 $f_0 = 5.92$、冲击系数 $1+\mu = 1.356$、阻尼比 $\xi = 0.0123$。

2）下行（西侧）加固前、后有关参数分析参见图7-18、图 7-19。

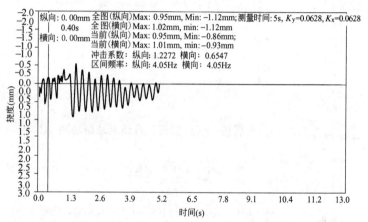

图 7-18　湾店立交桥（下行）加固前自动衰减振动图

通过对图 7-18 分析后得知：湾店立交桥（下行）加固前的自振频率 $f_0 = 4.06$、冲击系数 $1+\mu = 1.227$、阻尼比 $\xi = 0.0118$。

通过对图 7-19 分析后得知：湾店立交桥（下行）加固后的自振频率 $f_0 = 5.30\mathrm{Hz}$、冲击系数 $1+\mu = 1.251$、阻尼比 $\xi = 0.00869$。

184

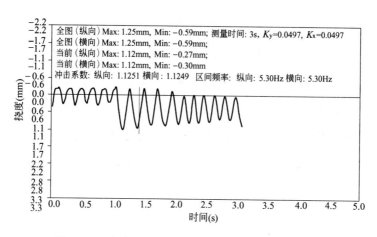

图 7-19 湾店立交桥(下行)加固后自动衰减振动图

3. 动载试验结果汇总及简单评析

湾店立交桥上、下行动载试验结果汇总见表 7-31。

湾店立交桥上、下行动载试验结果汇总   表 7-31

幅 位	状 况	自振频率(Hz)	冲击系数	阻尼比
东侧(上行桥)	加固前	4.36	1.233	0.0087
	加固后	5.92	1.356	0.0123
西侧(下行桥)	加固前	4.06	1.227	0.0118
	加固后	5.30	1.251	0.00869

根据弦振动理论,一端固定,一端铰支板的固有频率方程式:

$$\omega_n = \partial_n \left(\frac{\pi}{l} \right)^2 \sqrt{\frac{EI}{m}}$$

可知:加固后桥梁自振频率较加固前有所提高,加固后桥梁的抗弯刚度得到了提高。影响桥梁冲击系

185

数的因素很多，其中，桥面平整度的影响最明显。对于该桥，冲击系数在加固前后并没有明显变化，主要原因是桥面沥青混凝土铺装层的平整度没有得到明显改善。

通过以上桥梁的动静载试验，检验了该桥的实际承载能力及工作性能，为桥梁加固提供了设计依据；通过加固前、加固后桥梁的静、动载试验对比，体现出了桥梁的实际加固效果。

附件一

实例病害桥梁加固工程试验记录

钢绞线、锚具试验　　　　　钢绞线生产地：天津

钢绞线拉伸性能试验报告

采用标准　GB/T 5224—2003

试样编号	公称直径（mm）	规定非比例伸长为0.20%的荷载 $F_{P0.2}$（kN）	整根钢绞线的最大力 F_m（kN）	最大力总伸长率 A_{gt}（%）	弹性模量 E（GPa）
1	15.24	255	269	4.9	196
2	15.24	253	267	4.7	194
3	15.24	254	269	4.8	195
1995 标准	……	≥220	≥259	≥3.5	195±10
2003 标准	……	≥234	≥260	≥3.5	195±10
备注	……	合格	合格		

夹片硬度试验报告

锚具生产地：柳州

锚具产地 柳州						型号 HVM15A-1	
硬度 \ 样品	1	2	3	4	5	标准（HRA）	备注
夹片洛氏硬度（HRA）	第一点试验结果 82.0	81.8	81.5	80.4	81.6	柳州预应力公司提供的标准为79～86	符合委托单位提供的标准
	第二点试验结果 83.4	81.1	82.4	81.4	82.4		
	第三点试验结果 82.7	80.7	81.9	82.0	82.1		
	第四点试验结果 82.5	81.3	82.2	82.0	81.2		
	第五点试验结果 82.4	82.4	80.5	81.3	80.7		
	平均 82.6	81.5	81.7	81.4	81.6		
	81.8						

锚环硬度试验报告

锚具产地：柳州

锚具产地 柳州						型号 HVM15A-1	
硬度 \ 样品	1	2	3	4	5	标准（HRA）	备注
锚环洛氏硬度（HRA）	第一点试验结果 21.7	22.9	22.2	21.0	21.2	柳州预应力公司提供的标准为15～32	符合委托单位提供的标准
	第二点试验结果 22.4	21.4	22.0	23.5	23.0		

硬度	样品	1	2	3	4	5	标准（HRA）	备注
锚具产地　柳州					型号　HVM15A-1			
锚环洛氏硬度（HRA）	第三点试验结果	25.3	21.2	22.1	25.4	24.6	柳州预应力公司提供的标准为15～32	符合委托单位提供的标准
	第四点试验结果	26.2	24.2	20.2	25.6	21.9		
	第五点试验结果	25.1	21.4	20.9	24.3	22.3		
	平均	24.1	22.2	21.5	24.0	22.6		
			22.9					

锚具静载锚固性能试验

锚具产地：柳州

锚具型号：HVM15A-1

检验标准 GB/T 14370—2000

母材平均极限荷载：277.1kN

试件编号	1	2	3	标准	结论
钢绞线直径（mm）	15.24	15.24	15.24	……	……
组装件实测极限荷载（kN）	283.9	283.1	283.0	……	……
拉断总应变（%）	4.1	3.8	3.8	≥2.0	合格
锚具效率系数	1.00	1.00	1.00	≥0.95	合格
夹具效率系数	1.00	1.00	1.00	≥0.92	合格

横向预应力体外索索力监测记录

测力传感器编号为 12#、11#、10#，张拉时间为 2003 年 4 月 11 日，位置为弯店分离式立交桥（东半幅）第 2 跨，索号为 1#、3#、4#。

		2003 年 4 月 11 日		
传感器编号	索号	设计应力（kN）	张拉力（kN）	传感器读数（kN）
12#	1#	169	172	167.30
11#	3#	169	169	163.40
10#	4#	169	170	164.88
		2003 年 4 月 13 日		
12#	1#	169	172	167.58
11#	3#	169	169	163.53
10#	4#	169	170	165.31
		2003 年 4 月 15 日		
12#	1#	169	172	168.42
11#	3#	169	169	165.13
10#	4#	169	170	168.37
		2003 年 4 月 17 日		
12#	1#	169	172	169.22
11#	3#	169	169	165.77
10#	4#	169	170	167.35
		2003 年 4 月 20 日		
12#	1#	169	172	168.40
11#	3#	169	169	164.32
10#	4#	169	170	166.84

KL-40 高强无收缩灌浆材料
卖方试验室试验结果

产品性能指标		
试 验 项 目	指　　标	试 验 结 果
流动度（S）	5～8	8.0
3d膨胀率（%）	0～0.06	0.04
抗压强度（MPa）	≥15（1d）	22.2
	≥40（3d）	42.3
产品质量	合　　格	

河南省建材工业产品质量监督检验站
检验依据《高强无收缩灌浆料》（Q/SUDH 01—1997）

样品名称：高强无收缩灌浆料　加水量灌浆料质量的15%			规格型号：KL-40	
检验项目	单位	标准强度	检验结果	单项结论
抗压强度	MPa	≥40	46.2	合格
抗折强度	MPa		7.1	

附件二

桥梁病害调查、荷载试验情况及效益分析

第一部分 桥梁病害及荷载试验情况（附图1～附图6）

附图1 湾店桥桥面沿板缝的纵向坑槽

附图2 湾店桥桥面沿板缝的纵向塌陷

附图 3　湾店桥梁底企口缝开裂与混凝土脱落

附图 4　加载车位现场放样

附图 5　现场测试元件布置

附图6 加载车辆就位

第二部分 效益分析

体外横向预应力加固空心板简支梁桥结合郑漯高速公路上的12座装配式预应力空心板桥的病害检测及评定与加固工程实例，应用了体外横向预应力索加固新技术（HVM可换式体外索）和"自流式灌缝高强材料"，经过调查、评定加固方案、加固设计、加固施工和检测试验，系统地解决了装配式预应力空心板出现的病害，达到了预期的实施效果。

产生的经济效益和社会效益如下：

1. 经济效益：

京珠国道主干线郑州至漯河段高速公路预应力空心板简支梁桥建成不久，桥面铺装层即出现沿板间企口缝的纵向裂缝、坑槽和塌陷。桥面铺装层出现横向裂缝；板缝间填缝料脱落，板缝间渗水漏水；梁板间

194

企口缝破碎、塌陷，荷载不能横向分布，出现单板受力现象，空心板受到的荷载远大于设计荷载，空心板下缘被拉裂。桥面铺装层破坏后，空心板直接受汽车荷载冲击，空心板上缘混凝土被碾碎；橡胶支座老化或剪切变形过大引起破坏，部分橡胶支座脱落，垫块被压裂或压碎；如不及时采取处理措施，任其长期发展下去，必将影响桥梁的耐久性和使用寿命，危及桥梁的结构安全，为桥梁结构事故埋下了隐患。

本项目直接工程应用效果明显，节约资金显著，对于保证桥梁结构耐久性、稳定性、使用寿命和安全，有重要的意义。平时对每座桥梁采取日常养护的方式进行处治，每年每座桥维修频率在每年20次左右，每次费用1～2万元，累计年养护费用300多万元左右，若采用常规的桥梁加固方法，需增加桥面铺装钢筋混凝土的厚度，甚至更换个别空心板，势必大大增加桥梁的静载以及资金投入，更重要的是在这么大的交通量影响下工期也很长。

2. 社会效益：

京珠国道主干线郑州至漯河段高速公路是我国南北公路交通要道和公路运输的大动脉，部分桥梁结构耐久性和使用寿命的变化，以及其结构的安危所造成的不仅仅是桥梁本身的经济损失，还包括了南北交通阻塞所造成的巨大的直接、间接经济损失和重大的社会影响。因此保证该高速公路上桥梁的结构安全、提高其结构耐久性、延长其结构使用寿命，有着巨大的社会影响。

综合分析了郑漯高速公路六座简支梁桥病害产生的一般机理，以及桥梁结构病害检测的方法，分析比较了桥梁结构维修加固的方法和结构静载试验方法。同时本项目依据该高速公路六座简支梁桥的结构病害检测和桥梁结构静载试验成果，制订了对影响该桥型结构耐久性和稳定性的病害进行处理的维修方案；根据该桥型病害的特点，制定了桥面补强层加固法；采用无收缩性材料填充板缝间隙；加强铺装层钢筋；采用了改变结构受力体系加固法；体外预应力加固法。经过综合处理后的桥梁对比静载试验和两年来的桥梁结构性能观测，该桥型当前的结构性能正常，病害处理达到了预期的目的。

参 考 文 献

[1] 杨文渊，徐犇合编，桥梁维修与加固. 北京：人民交通出版社，1989

[2] M. JN. 普瑞斯特雷等著，袁万城等译，桥梁抗震设计与加固. 北京：人民交通出版社，1997

[3] B. O. 奥西波夫主编，刘桂云译，桥梁养护维修及改建. 北京：中国铁道出版社，1990

[4] 黄侨编著. 公路钢筋混凝土简支梁的体外预应力加固技术. 北京：人民交通出版社，1998

[5] 谌润水，胡钊芳，帅长斌编著. 公路旧桥加固技术与实例. 北京：人民交通出版社，2002

[6] 黄兴安主编. 道路桥梁工程质量通病防治手册. 北京：中国建筑工业出版社，2002

[7] 李世华主编. 道路桥梁维修技术手册. 北京：中国建筑工业出版社，2002

[8] 刘效尧，蔡键，刘晖编著. 桥梁损伤诊断. 北京：人民交通出版社，2002

[9] 高冬光著. 公路与桥梁水毁防治. 北京：人民交通出版社，2002

[10] 强士中，周璞主编. 桥梁工程. 成都：西南交通大学出版

社，2000

[11] 山西省公路局主编. 公路工程八大通病分析与防治. 北京，人民交通出版社，1999

[12] 中华人民共和国行业标准. 公路养护技术规范(JTJ 073—96). 北京：人民交通出版社，1996

[13] 中华人民共和国行业标准. 公路桥涵施工技术规范(JTJ 041—2000). 北京：人民交通出版社，2000

[14] 中华人民共和国行业标准. 公路工程质量检验评定标准 (JTJ 071—98). 北京：人民交通出版社，1999

[15] 中华人民共和国行业标准. 公路工程抗震设计规范(JTJ 004—89). 北京：人民交通出版社，1989

[16] 中华人民共和国铁道部. 铁路桥梁检定规范. 北京：人民铁道出版社，2004

[17] 中华人民共和国行业标准. 铁路桥梁抗震鉴定与加固技术规范(TB 10116—99). 北京：中国铁道出版社，1999

[18] 中华人民共和国行业标准. 公路桥涵养护规范(JTG H11—2004). 北京：人民交通出版社，2004

[19] 林秋峰，宗周红. 钢筋混凝土桥的结构评估和加固. 世界桥梁，2004(3)

[20] 王邦楣，党志杰. 钱塘江一桥的病害检测和承载力评估. 中国土木工程学会第九届处会论文集(工程安全及耐久性). 北京：中国水利水电出版社，2000

[21] 刘自明，王根清. 混凝土桥梁的缺陷检测及修补加固技术. 中国土木工程学会第九届年会论文集(工程安全及耐

久性). 北京：中国水利水电出版社，2000

[22] 铁道部大桥局桥梁科学研究院. 混凝土结构加固技术和方法的研究专题阶段试验报告，2002

[23] 刘自明主编，王邦楣，陈开利副主编. 桥梁工程养护与维修手册. 北京：人民交通出版社，2004

[24] 中华人民共和国行业标准. 公路桥涵设计通用规范（JTG D60—2004）. 北京：人民交通出版社，2004

[25] 陈开利，王邦楣，林亚超. 桥梁工程鉴定与加固手册. 北京：人民交通出版社，2005